KYOTO TACHIBANA
SENIOR HIGH
SCHOOL BAND

オレンジの悪魔は教えずに育てる

やる気と可能性を120%引き出す奇跡の指導法

田中宏幸 著

はじめに

がんばれと言われて、本心からがんばれますか？

「笑って」と誰かに言われて、つくった笑顔は嘘になる。

私はそう信じているから、人に「笑いなさい」とは言いません。

人は「がんばれ」と言われたからがんばるのではなく、自分ががんばりたいから、がんばる。

私はそれを知っているから、人に「がんばれ」とも言いません。

「自主的に努力しなさい」とリーダーが指示をしたら、どんな素晴らしい努力をしたとしても、自主的ではなくなってしまいます。

「人を動かす」なんて思い上がりだし、仮に動かせたところで、最高の結果にはならないでしょう。

「やる気を引き出す」という指導法もあるとは思いますが、そもそも「やる気」というのは、その人の内側から自然に湧いてくるものではないでしょうか？

教えない。
指示しない。
近づかない。
口を出さない。

これこそ私が23年の歳月をかけて編み出した、自律性を育む指導法です。
誰もが本来持っている、「自分の頭で考えて動く力」を発揮させるための、ちょっとした、でもとても大切な秘訣でもあります。

私がこの指導法を培い、実践してきたのは、京都橘高等学校吹奏楽部。
「オレンジの悪魔」と言ったほうが、ピンとくる方が多いかもしれません。

全日本マーチングコンテストの常連校であり、２００７年から3年連続全国大会出場を果たし、08年、09年、15年は金賞を受賞。ＮＨＫ Ｅテレ スクールライブショー 吹奏楽バトルで優勝し、１００万人の集客を誇るアメリカのローズパレードに日本で唯一、複数回の出場。

こうした数字を並べるまでもなく、日本テレビの『笑ってコラえて！吹奏楽の旅』や、福山雅治さんが全国高校野球選手権大会の第１００回大会のために制作した『甲子園』のミュージック・ビデオに登場する〝跳躍するマーチングバンド〟として、「ああ、あの京都橘ですね」という方も大勢います。

ユーチューブで知ったという声も多く、演奏しながら走り、飛び跳ね、踊る様子は、「これはスポーツだ！」「信じられない！」「見るたびに元気が出る！」と、国内外に熱狂的なファンを生んでいます。無数の動画の中には、１０００万回を超えて再生されるものもあるほどです。

オレンジの悪魔との23年間で培ったもの

私は京都橘高校吹奏楽部の顧問として、23年間にわたって延べ1000人の〝オレンジの悪魔〟たちを育ててきました。

本書では、京都橘高校の挫折と成長の物語をベースに、若い人材とチームの育て方を述べていきたいと思います。

私の指導法には、基本となる柱が二つあります。

❶「教えない指導法」

❷ 弱い人が弱い人を教える「弱弱指導法」

❶については冒頭で述べたとおり、教えず、口出しをせずに、子どもたちが自らの頭で考え、自発的に動くようにする指導法です。

しかし、これを「一人の指導者 vs 成長途上のメンバーが複数いるチーム」で実践するのは難しい。なぜなら、全員を均等に見られるかといえば、物理的に不可能な話ですし、仮にできたとしても、必ず成果につながるわけでもありません。

そこで編み出したのが、❷の「弱弱指導法」です。

「弱弱指導法」は本書の核となるものであり、弱い人（子ども）が弱い人（子ども）を教えるという、言ってみれば「教えない指導法の進化形」です。

私が口も手も出さなくても、生徒が生徒を教え、お互いに引っ張り上げ、最終的にはチームとして最強になる——。

「教えない指導法」が個人の自律を実現するものであるならば、「弱弱指導法」はチームの自律を可能にします。

そして、チームの自律が実現すると、個人の自律が促されるという、成長の好循環が生まれるのです。

単純に知識や技術をインプットするのなら、「教える」というスタンスでいいでしょう。

親・教師・上司は「必要なこと」を子ども・生徒・部下に詰め込む。ごく基本的なことや社会のルールについては、まるごと素直に飲み込んでもらうのも必要なことです。

しかし、誰かが与えたものを素直に吸収しているだけの人は、大きく育ちません。

親以上になれない、教師以上になれない、上司以上になれない——それは指導者が目指すところではないでしょう。

「未来を支える若い人たちには、自分以上に大きく育ってほしい」

これは立場が違っても、何かを教える多くの人の願いだと私は思います。

それならば、「教える」という名の下に知識を詰め込むのは、せいぜい中学生までで終わりにしてもいいのではないでしょうか。大人に一歩踏み出した高校生であれば、「教えずに育てる」ことが大切だと、私は実感しています。すでに大人になっている社会人であればなおさらでしょう。

逆説的ではありますが、「教えないほうが人は育つ」というのが、23年間に及ぶ指導者としての経験を通しての結論です。

本物の笑顔を育てるのは、コーチや顧問ではなく生徒たち

90年代にできたオレンジの悪魔たちの形容詞に「橘スマイル」があります。今では京都橘高校全体を表す言葉になっていますが、オレンジの悪魔たちがやるのは「世界一体力を

使うマーチング」です。

アフロキューバンで鳴らしまくるトランペット奏者、ガレスピーの「マンテカ」、アップテンポの「エル・マンボ」、橘の定番ともなっている「シング・シング・シング」と「スウィング・スウィング・スウィング」の合わせ技……。これらの演奏に合わせて、悪魔たちは飛び跳ねたり、立ち止まったり駆け足になったり、足を上げて踊ったり、とにかく猛烈に動きまくります。

詳しくは後述しますが、マーチングバンドとして全員がそろって動くのですから、生半可なことではありません。

「楽器を口にあてたまま跳んでるよ！　俺がやったら歯が砕ける」

「この子たちは演奏家じゃなくてアスリートだ」

「アメージング！」

大阪だろうと東京だろうと、ハワイだろうとアトランタだろうと、どこで演奏しても感動ばかりか驚きの声が飛び交いますが、最初から最後まで、オレンジの悪魔たちは弾けるような「橘スマイル」を浮かべています。

「普通の学校の生徒は、楽器から口を離した一瞬だけニカッと笑う。でも、橘の生徒いうたら、吹きながらずっと顔の上半分が笑っとる」と、関西マーチングバンドのカリスマと言われる山本富男先生に評されたほどの笑顔です。

どんなにタフで激しいパフォーマンスでも、本気の笑顔を絶やさない。生徒たち自身もそれを誇りとし、伝統として守っています。

しかし、オレンジの悪魔たちはタレントではなく高校生。本番のときにだけ急に笑顔をつくることはできません。そこで練習のときから笑顔を心がけるわけですが、入部しての1年生は演奏に精一杯で、マーチングの動きについていくのもおぼつかない状態です。笑顔どころの話ではありません。

そんな生徒たちに、顧問である私から「笑いなさい」と言ったことは一度もないのです。

マーチング担当のコーチが「顔が怖いぞ！」と檄《げき》を飛ばすことはありますが、1年生の笑顔を育てているのは上級生です。

汗みずくになっての必死の練習は、上級生たちにとっても苛烈なものです。特に吹奏楽部の大きなイベントは夏から秋にかけてが多い。4月からスタートした練習は、ゴールデンウィークを越えた頃から暑さとの戦いともなります。

自分もかろうじて笑っていられる状態なのに、それでも「笑ってぇー！」と1年生に声をかける上級生。弱い生徒が弱い生徒を〝弱弱指導〟しているのです。

もちろん弱弱指導は、物語のようにはうまくいきません。1年生は入ったばかりの心細さに加えて、技術的な難しさに直面して、極度の疲労にまみれています。「笑ってぇー！」と声をかけられても、涙をこらえるのがやっとの状態。それでもなんとか笑顔をつくろうとするのですが、歪んだ泣き笑いのような顔しかできません。

この泣き笑いが少しずつ変化していくのは、上級生が声をかけ続け、下級生がそれに応えようとがんばるからです。やがて「笑って」と言われなくても、自然に笑顔がこみ上げてくるようになる、その頃には、チームとして強くなっている——これこそが弱弱指導の本質です。

橘ファンの中には、「弱弱指導？　あの、エネルギッシュでパワーがあるオレンジの悪魔が弱いの？」と、違和感を覚える方もいるかもしれません。確かに悪魔たちは弱さなど微塵《みじん》も感じさせない情熱的な演技・演奏をします。

しかし、それはもともと強いからではありません。練習にすらついていけない弱い新入部員が、自分もかつては弱かった上級生によって強くなっていくのです。

そして、上級生と言ってもまだ高校生。大人よりは圧倒的に弱い――だからこそ、弱い新入部員への指導が、強い大人の私たちよりもうまいのだと思います。

部活動という特殊な場の〝権力者〟である私やコーチが「笑顔をつくれ！」と命じたところで、絶対に生まれないものが、目も眉毛も、おでこすら笑っている「橘スマイル」なのです。

笑顔は、自分自身が楽しんでいるからこそ出てくるのです。

「自分が楽しまないことには、人を楽しませられない」というのは、演奏者でもある私の根本的な考え方です。

本書を読んでいただきたい人

弱い人が弱い人を教えるから、揺るがない本物の強さになる。

弱い人が弱い人に応えるから、つくりものでない笑顔が生まれ、自信と力がつく。

こうした弱弱指導の効果——素晴らしさ、輝きは、京都橘のパフォーマンスにもはっきりと表れていますが、マーチングバンドのみならず、あらゆる分野で応用可能なことだと私は考えています。

たとえば……。

- 若手社員の指導で困っている人
- チームビルディングに携わっている人
- 接客・販売業など女性が多いチームのリーダー
- 多様性を尊重するチームをつくりたい人
- 自ら挑戦する力を部下・後輩につけてほしい人

このようなニーズを持つビジネスパーソンに、すぐに使えて長く役立つ、具体的な方法論をお伝えできるはずです。若い人を率いる若いリーダーだけでなく、「今の若い人はわからない」と途方に暮れるベテランのリーダーにも、15歳から18歳のティーンエイジャーという〝若き悪魔〟たちと取っ組みあって編み出した知恵をシェアしていきます。

さらに、京都橘はもともと女子校であり、〝オレンジの悪魔〟たちのほとんどは女性です。公平さと細やかな気配り、厳しさと柔らかさをどう配分するかについて、私なりにずっと心を砕いてきました。

本書で紹介するのは、長年の経験から編み出された女性の指導法でもあります。いかなる組織にも古くからあり、近年盛んに議論されているダイバーシティやジェンダーの問題を、みなさんの組織やチームにおいてどう扱うか、あらためて考えるきっかけにもなるでしょう。

そして言うまでもなく、私の本分は教育者であり音楽家です。

- 教師、コーチなどの教育関係者
- 自分で考えて動く子どもに育てたい保護者
- 吹奏楽、マーチング、音楽にかかわる若い力を応援したい人

もちろん、こうしたみなさんのためにも本書はあります。

23年の長きにわたり、私は京都橘の保護者のみなさんとも、ハーモニーを重ねるがごとく、共に歩んできました。

全国の先生方、保護者のみなさんの教育や指導の一助としていただけたら、著者として

このうえなくうれしく思います。
ではさっそく、本題に入りましょう。

2020年冬　　京都橘高校吹奏楽部前顧問・吹奏楽指導者　田中宏幸

＊本書では、オレンジの悪魔たちのパフォーマンスがイメージしやすいよう、要所にQRコードのリンクを掲載しています。著作権の問題がない、正しい権利者の動画へリンクしています（各権利者の事情でリンクが切れてしまっていましたらご容赦ください）。

オレンジの悪魔は教えずに育てる　目次

第1章

がんばっているのに、全国屈指のマーチングバンド伝統校は、なぜ落ち込んでしまったのか？

第4章 自分で考えて動くためのサポートに徹する「弱弱指導法」虎の巻

第5章
ここでしか味わえない経験をさせる！最高のプロデュースをするのはリーダーの仕事

第1章

がんばっているのに、全国屈指のマーチングバンド伝統校は、

なぜ落ち込んでしまったのか？

黄金時代の「終わりの始まり」

グランドスラムを達成した夜

「こんなこと、そう長続きはせんわなぁ……」

お祝いモードに沸く生徒、保護者、学校関係者たち。祝賀会に参加し、一緒に喜びながらも、私の心の底には小石のように、ぽつんと冷めた気持ちが沈んでいました。

１９９８年秋。京都橘高校吹奏楽部は96年、97年、98年と3年連続で全国大会出場を果たしました。９大会連続でトップに輝き、３年間でグランドスラムを達成したのです。京都大会、関西大会、全国大会という年度のサイクルにおいてすべて満票1位となったのは、まさに快挙です。

これは、１９６１年4月に京都橘学園器楽部が創設されて以来、最高の結果であり、橘黄金時代と言ってもいいでしょう。「マーチングバンドと言えば橘」という地位を築き、当時の全日本吹奏楽連盟酒井理事長には、「橘こそ吹奏楽連盟が理想とするトップのバンドだ」とまで言っていただきました。

マーチングバンドは吹奏楽の一形態で、トルコやヨーロッパの軍隊や鼓笛隊が行進しながら演奏していたのがルーツとされています。

マーチング（marching：行進）するバンド（band：楽隊）ですが、形態はさまざま。ただ隊列を組んで行進するだけでなく、アメリカンフットボールのハーフタイムショーで行われるような、壮大なフォーメーションでダンスに近いパフォーマンスを盛り込んだものもあります。いずれにしろ、動きと音の調和こそが、マーチングバンドの魅力なのです。

95年に京都橘に赴任してきた私は、吹奏楽部の指導にかかわって4年目、顧問になって3年目でした。当時、マーチングのコーチは宮一弘先生。1970年の大阪万博のお祭り広場でのマーチングイベントに、京都橘（女子）が阪急少年音楽隊と合同で出場した際の阪急のアシスタントコーチであり、その後生徒たちの強い要請で橘のコーチに就任された〝橘レジェンドの一人〟です。

96〜98年のグランドスラム達成は、全国でもいち早く女子バンドの可能性に気づいていた京都橘のクラブ創設者、平松久司先生が持つ先見の明と、コーチである宮先生による長年の指導の賜物であり、それに真摯に応えた生徒たちの努力の結果でもありました。

しかし、それでも顧問である私が一抹の不安を拭いきれなかったのは、マーチング界の時代の変化と、橘の「ひたすら真面目で素直すぎる、伝統の練習法の踏襲」にありました。

そして残念なことに、このときの私の不安は杞憂ではなかったのです。

笑顔が涙に変わる、京都橘の「熱」

「自分が楽しまなければ、人を楽しませることはできない」

これは私のみならず、吹奏楽指導者の常識であり、マーチングバンドの世界では古くから言われている根本的な取り組み方でもあります。だからこそ「はじめに」で紹介したように、内側から湧き出る橘スマイルが評価されたのでしょう。

グランドスラムを達成した1990年代後半の橘のメンバーには、確かに他校にはない華《はな》がありました。

演奏の技術について言えば、手放しでほめられる、飛び切りのテクニックではありません。それでも、橘スマイル、テンポよく弾むような演技構成、そして動きのキレ。それらが渾然一体となったオレンジの悪魔たちのマーチングは、お客さんたちに「喜び」として伝わり、それを聴くうちに、観るうちに、みんな自然と笑顔になってしまいます。そればかりか、感激で涙する人さえいます。

「普通は『いやあ、いい音楽を聴いて感激した、あのマーチングはよかったね』で終わるのに、不思議ですねえ。あの子たちの演奏は、終わると心に熱が残る。その熱がじんわり涙になってこぼれてくるんですよ」

これは関係者や保護者だけでなく、いろいろな人から言われたことです。

楽しさだけで終わらない、心の内側をじかに揺さぶる力があったのは、オレンジの悪魔たちがあまりにも真剣に、ひたむきに取り組んでいたからかもしれません。

「楽しさ」に点数はつけられるのか？

しかし、審査となればまた別の話です。

どんなマーチングバンドが優れているかと言えば、楽しさが伝わることはとても重要です。だからこそ、キビキビとした隊列の動きや、小気味よいハイステップなど、華がある橘のスタイルは、「最強だ」と称えられたのでしょう。

それでも楽しさに点をつけるというのは、実はとても難しいことなのです。楽しさを数値化する基準はないのですから。すると当然のように、「印象だけで採点してはいけないのではないか」という議論になります。

マーチングバンドの「マーチング（行進や動き）」が、印象というあいまいな観点で評価されるのであれば、「バンド（演奏）」のほうで厳密に評価しようということになります。

それがやがて、「目をつぶり、動きをまったく見ず、音色だけを聴いていても一級品であるマーチングバンドが素晴らしい」という審査方針に変わったとしたら？　表現が素晴らしいだけに、オレンジの悪魔たちのエネルギーの大部分は、キビキビと動きまわることに費やされています。そのぶん、音が弱いのは否めない……。

私はその弱点に、早くから気がついていたのかもしれません。

自分の技を究めるか、誰かのためにがんばるか

日本のマーチングの二つの流派

「グランドスラムを達成していったんはマーチングバンドとして頂点に輝いたものの、弱点が露呈して沈んでしまった橘を、V字回復に導いていきながら、『弱い人が弱い人を教える』という弱弱指導法を確立していった……」

もしも乱暴な書評家が本書の内容をまとめるなら、こんな具合になるでしょう。でも、魅力あふれるマーチングバンドの世界や、熱狂的なファンがいるオレンジの悪魔たちのことをより深く知っていただくために、ここで日本のマーチングバンドについて説明を加えておきます。少しだけお付き合いください。

読者のみなさんは、日本で「マーチングの大会」というと、二つの全国大会が挙げられることをご存じでしょうか。

一つは一般社団法人日本マーチングバンド協会（通称・M協）が行う「全日本マーチングバンド&バトントワリング全国大会」。かつては日本武道館で、現在はさいたまスーパーアリーナで、毎年12月に開催されます。

もう一つは全日本吹奏楽連盟（通称・吹連）が行う「全日本マーチングコンテスト全国大会」。かつては「全日本マーチングフェスティバル」という名前で関東（幕張メッセ）と関西（神戸ワールド記念ホールから大阪城ホールに移行）の隔年開催でしたが、現在は大阪城ホールで毎年11月に開催されます。

いずれの大会も、さまざまな図形を描いて動きながら演奏するフィールドドリルの出来を競う点では同じですが、それぞれ特徴があります。

M協の大会は、とにかく華やかです。まず、道具の使用や衣装が自由。ミュージカルの大道具さながらの大掛かりな作り物や、きらびやかな衣装が登場して観客を熱狂させます。この大会に出場するほとんどの団体が手本とするのは、アメリカで開催されるDCI（Drum Corps International）の世界大会です。その華やかさ、ド派手さは格別で、度肝を抜く大胆な動きはDCIから独立したプロ集団『blast!』の舞台でも演じられているように、立派なエンターテイメントです。

そのＤＣＩを目標とするＭ協大会も派手であることは当然で、評価ポイントは芸術性や完璧さです。いささか乱暴な言い方になりますが、ＤＣＩのスタイルは、「うまさを競う」ものです。

オレンジの悪魔はカレッジスタイル

片や吹連の「全日本マーチングコンテスト」の大会コンセプトは、「吹奏楽団がそのまま歩き出す」。全国大会を１９８０年代から始めた日本独自の後発大会であるために、Ｍ協の大会との差別化がなされています。

楽器以外の持ち物はフラッグしか認めず、ユニフォームも華美なものはなし。九州の精華女子高校や大阪の淀工こと淀川工業（工科）高校のように、ジャージや学校指定の体操服で参加している団体も数多くあります。

「座奏のコンサート楽器をそのまま使いなさいよ」とばかり、マーチング専用の前を向いたホルンや、ユーフォニアムのようなフロントベルの楽器を使わない学校が多く、編成は金管楽器、打楽器、カラーガードのほかに木管楽器も含む――つまり座奏の吹奏楽とほぼ同じ楽器で編成されるマーチングアンサンブルです。

つまり吹連の全国大会は、発足当初から「音色重視」を唱えているのです。そのため、同じく吹連が開催する、座奏の「全日本吹奏楽コンクール」と、上位の出場校がかぶることもしばしばとなります。

そんな吹連のマーチングコンテストの出場団体の中には、M協とはまるで異なる、実にインパクトの強いスタイルの団体も見られます。それが「カレッジスタイル」。名前のとおりアメリカの大学がルーツで、メインイベントはコンテストではなく、フットボールのハーフタイムショーです。

演技のスタートでバンドメンバー全員がハイステップの駆け足でフィールドになだれ込む「ラッシュ・イン」。くるぶしを膝まで高々と上げる「ハイステップ」。各チームオリジナルの「ファイトソング」を中心とした演奏・演技が華やかに展開されます。

見せ場となるアクロバティックなステップもありますが、あくまでも競技ではなく、応援のためのもの。カレッジスタイルのバンドはチアリーダーと共に、アメフトチームを音楽で鼓舞して盛り上げることが目的となっています。

「じゃあ、京都橘は両方の大会に出られるのでは？」

そんなふうに思う読者もいるかもしれませんが、参加している大会は吹連のみ。「カラーガード（旗振り隊）を編成に入れ、個性的なユニフォームで見せるショーを展開するのに、派手さを競うM協のほうになぜ出ないんですか？」

単刀直入に、こう質問されたこともあります。

答えは明快で、根本的に京都橘はカレッジスタイルだから。つまり「誰かを応援するバンド」なのです。その証拠に、橘のマーチングは実はシンプルです。ユーチューブなどで隊列移動をよくよく見ると、わかると思います。激しい動きのダンスや振り付けに目を奪われがちですが、隊形移動で描くラインはほとんどが縦、横、斜めのみ。サインカーブのような複雑な曲線は描かず、円や扇形程度なのです。また、楽器もほぼ座奏の吹奏楽と同じです。

橘スマイルはカレッジスタイルの「誰かを応援するマーチングバンド」だからこそ、出てくるものなのです。

チームに流れる自主性の伝統

個人にフォーカスした吹奏楽部

京都橘（女子）高等学校吹奏楽部が橘女子学園器楽部として創設された１９６１年、ＤＣＩはまだ日本に上陸していませんでした。

日本の吹奏楽界でマーチングショーが始められたのは、１９５０年代終盤のこと。それまで軍楽隊のような行進しかなかったところにショーの要素が取り入れられたのは画期的で、先進国アメリカを見て手本としたのはカレッジスタイルでした。ゆえにマーチング界の老舗、京都橘もこれにならっています。

私の前任の平松久司先生は、「女子バンドとしての特性を生かす」という目的で、生徒全員を一人ひとり生き生きと演出しました。

もちろん、現在のような「スウィング・ジャズのビートに乗って、激しいダンスを展開する」という〝荒技〟なんてできるはずはなく、現存する古い資料によれば、いかにも京都らしく「大文字《だいもんじ》を人文字で描く」という、実にはんなりとしたマーチングショーをしていたようです。

しかし、平松先生の取り入れた「一人ひとりを生き生きとさせる」という個人を重視したアプローチは、時代を先取りしたもので、まさに慧眼《けいがん》でした。「チーム全体の美しさを完璧なまでに高める」というような組織志向に行きすぎない点が、良い意味で日本離れしているともいえます。

それから半世紀以上経った現在、京都橘高校吹奏楽部のマーチングに対して、日本はおろか世界各地にも熱狂的ファンが存在することの原点が、ここにあると感じます。

マニュアルどおりの完璧さでなく、自分たちで考えて動く

京都橘吹奏楽部ができた1960年代は、日本マーチングバンドの黎明期。当然ながら大会やイベントもあまり開かれておらず、今のような指導者のライセンス制度もありませんでした。

大会も、指導法も、お手本となるマニュアルもない、ないない尽くし。指導する側にと

って、マニュアル抜きの指導は骨が折れます。でも、そこが面白いともいえます。

また、そもそも学生たちがやっていたことですから、カレッジスタイルには自主性があります。それぞれのバンドが「独自の技」を自力で開発しなければならないのは大変ですが、だからこそ楽しく、やりがいがあるともいえます。

京都橘においても、時代に応じてさまざまなオリジナルの振り付けやダンスを開発してきましたが、それはなんといっても生徒たちの功績です。この精神は今も引き継がれており、オレンジの悪魔たちの最大の特徴であり、チャームポイントとなっています。

私が橘に赴任してきて、吹奏楽部の顧問を引き受けることになっていちばんうれしかったのは、「カレッジスタイルである」ということ。ＤＣＩスタイルが嫌いなのではありませんが、昔からカレッジスタイルが好きでした。

実を言えば、私は小学校時代、大阪府池田市立呉服《くれは》小学校吹奏楽団のメンバーとして、大阪万博の開会式をはじめとする数多くのイベントに出場していっます。その頃いつも一緒に出演していて、子ども心に「カッコいいなぁ！」と憧れた阪急少年音楽隊のお兄ちゃんたちが、まさにカレッジスタイルでした。私にとっては昔から「マーチングバンドといえばカレッジスタイル」なのです。

それから半世紀近く経ち、同じく大阪万博に出場していたカレッジスタイルの京都橘の指導者になった……。まったく人生は不思議なものです。

そして、「やりがいがあるけれど、かなり大変!」な日々が始まるのは、ここからでした。

二つのさよなら

セイリング

グランドスラム達成後、京都橘の次なる舞台は、2000年の全国大会(当時の呼称は全日本マーチングフェスティバル)でした。98年に3年連続出場を果たしたことで、当時の吹連のルールにより、99年は「一回休み」。

続く2000年は、ハーブ・アルパートの軽快な楽曲で関西大会を勝ち抜き、幕張メッセの全国大会へと駒を進め、満を持して臨んだ京都橘の出場順は、はからずもラスト。20世紀の最後に登場する絶対王者のように演技、演奏をしました。ところが、優秀団体に贈られるグッドサウンド賞を獲得できなかったのです。

「毎年、取れていたのに、どうしたんだろう？」
コーチの宮先生もオレンジの悪魔たちも納得がいかない表情でしたが、顧問である私は「来るものが来たな……」と思っていました。

毎年11月に、1年の最大の目標でもある全国大会が終われば、残すところは12月23日の定期演奏会のみ。なんとなく「今年も終わりか」という雰囲気が漂い始めます。さらにこの年は、20世紀が終わろうとしていました。

「20世紀にさよならでも、まだ練習は終わりやないで。年明けは宝塚や」
冬休みに入っても、オレンジの悪魔たちの練習は続いていました。

宝塚大劇場で行われるアマチュアトップコンサートは、関西の年明けを告げる大イベント。バンドだけでなく合唱団も参加する、アマチュアといえども実力者だけがそろう場に招かれるのは、大変な名誉です。

何よりも、あの宝塚大劇場の舞台です。背景といい照明といい、まさに一級品。プロ中のプロである宝塚のスタッフがしつらえてくれた舞台は、動いても静止しても美しい絵画のようです。みんなおのずと力が入りますが、特に3年生にとってはこれで部活動引退となる、ラストステージでした。

それほど大切なアマチュアトップコンサートの練習なのに、約束の時間になっても宮先生が姿を現しません。先生はお寺のご住職でもあり、きちんとした方なので、私も生徒たちも「おかしいな」と戸惑っていました。

音楽準備室に電話が入ったのはそれからまもなくで、相手は向日町警察。名神高速の天王山トンネルを出てすぐの路肩に、宮先生の車があったといいます。先生は車中で、息を引き取られていました。心筋梗塞でした。

「明日からどうすればええんや……」

マーチングの隊列や動きの指導については、宮先生にすべてお任せしていました。私が音楽や演奏の指導をしながら、全体を見るという顧問の役割に徹することができたのは、宮先生のおかげです。何より、30年にわたって京都橘を導いてくださった宮先生をなくしてしまったら、オレンジの悪魔たちはどうなるのか。

路頭に迷うとは、このことです。

頭が真っ白のまま、生徒たちと神戸市にある宮先生のお寺での葬儀に参列しました。出棺の際に演奏したのは、現在でも定期演奏会のマーチングステージの最後に演奏されるロッド・スチュワートの「セイリング」――宮先生の思いが詰まった曲でした。

応援するバンドでは「高得点の音」は出ない？

マーチングの新コーチとしてやってきたのは、宮先生の唯一の弟子、横山弘文先生です。かつてはトロンボーン奏者で、ＤＣＩも勉強した経験を持つ人物で、違う学校数校のコーチをしていました。

「橘はカレッジスタイルが魅力ですから、そのままで指導をするつもりです。でも田中先生、ＤＣＩをやっていた僕にしてみたら、京都橘は不思議なんですよ。だって『動きの芸術性重視』と言われるＭ協の大会に比べると、吹連の大会は『音重視』の傾向があるでしょう？　音重視の大会なのに、なんで〝動きが武器〟という橘が絶対王者になれたのかって」

外から橘を見ていた横山先生の懸念は、内側にいた私の懸念と同じでした。二人とも、吹連の大会の中での橘の違和感に気づいていたのです。だから今後、吹連の審査基準がさらに音重視に傾けば、京都橘は危ういということは、よくわかっていました。

果たして２００１年、京都橘は全国大会出場を逃し、関西大会止まりに終わりました。

「吹奏楽連盟のマーチングはM協との差別化のために、これから音色重視の考え方をさらに明確にする。カレッジスタイルの橋は、その対応に乗り遅れると、全国大会には縁がなくなってしまう」

コーチの横山先生と私の懸念は、見事なまでに現実となってしまいました。

なぜなら、2002年も2003年も、いいえ2006年までの6年間、オレンジの悪魔たちは全国出場を果たすことができなかったのですから。

第2章

苦しい時期、カリスマじゃないリーダーが、

指導や口出しをがまんしてやっていたこと

「真面目な努力」だけでは打開できない壁だった

今までのやり方では成果は出ない

今までと同じやり方では通用しなくなる——時代の変化に飲み込まれてしまうのは、成功を経験した人です。成功体験があるからこそ、それに縛られてしまい、なかなか新しい挑戦ができません。

「うまくいっていたのだから、実力はあるんだ。このやり方でいいんだ」と押し通した結果、実力者が衰退していった例はいくらでもあります。

京都橘がそれまでと同じやり方で成果が出なくなって、私も新コーチの横山先生も生徒たちも、毎日毎日、悩み抜きました。「今までどおりでいいんだ」と、ただ手をこまねいていたのではなく、また「練習すれば報われる」というような、根拠のない精神論を持っていたわけでもありません。

練習なら、もともと十分すぎるほどしているのです。振り返ってみれば、京都橘のグランドスラムは、真面目でひたむきな努力の結果として得られたものです。

達成した1998年はもう20年以上前のことになりますが、その当時でさえ、京都橘のやり方は古風でした。

努力と忍耐で生まれてきたフォーメーション

真面目な努力の典型的な例は、マーチングバンドの基本とも言える、どんな形の隊列を展開していくかというフォーメーションの練習でした。

京都橘はかねてから「カレッジスタイルなのに、フォーメーション移行の際の崩し方まで美しい」と評価されていました。それは卓越したセンスを持っていた宮先生が、こだわって工夫してきたからにほかなりません。

一般にマーチングバンドは、メンバーの誰がどこに並ぶか、設計図のような「コンテ」をつくり、それに従って練習します。ところが、当時の橘にはコンテが存在しませんでした。すべて「人体実験」で、宮先生が全体を見渡し、一人ひとりの生徒に「前へ4歩、右へ2歩」というように、進み方を口頭で指示しながら、フォーメーションを手探りでつくっていきます。そうしてできあがった部分を、マーチングのリーダーである「ドラムメジャー」が書き留め、ようやく練習に使うドラムメジャー用のコンテができるのです。

実際に動いてみて、それが図形的に美しくなければ、先生の「もとい！」の一声で前の地点へ全員が戻ります。まるで黒板に書いた文字をサーッと消すように。

ただし、消されるのは白いチョークではなくオレンジの悪魔——いや、生身の人間ですから、何度も繰り返せばくたびれてしまいます。

長時間に及ぶ練習は過酷なもので、生徒にとっては努力と忍耐そのもの。宮先生が悩み始めると、生徒たちはずっと「気をつけ！」の姿勢で立ちっぱなしです。

宮先生にアイデアが浮かばず、「その日の練習は、何時間も同じ場所に立っていただけ」ということも、ざらにありました。

もうがんばれないほど、がんばっている！

「これは女子校だからなしえたことや」

ずっと公立中学で教えていた私は、赴任してきてすぐにそう思いました。

無限とも思える反復、受け取りようによっては無駄とも思える長時間の練習。それに耐え抜く持久力は女子ならではのものであり、すぐに気を散らす（私も含めた）男子には到底できないことです。

そのかいあって、オレンジの悪魔が隊形移動した後にピタッと静止する際は、少々のブレがあっても1〜2拍の間にサッと修正できます。無言の間合いでカメラのピントを合わせているかのようです。

私が出会った頃のオレンジの悪魔たちの歩き出しは、すべて「アップ」のかけ声でハイステップ。動きのトレードマークは「ベル振り」で、曲に合わせてすべての楽器が90度ほどベルを左右に振ります。私が大好きだったのは、「エル・クンバンチェロ」（木村吉宏版）に乗せたショーのクライマックス。ハイステップでのフォワードマーチ（前進歩行）と、タイミングのそろった秀逸な動き……。それらは年々、素晴らしく洗練されていきました。

「いやあ、これは長時間練習の賜物やな。どう移動すれば全体の動きが変わるか、こんな大勢の子たちが『あ・うん』の呼吸でわかっているのは、全員が位置取り（縦、横、斜め）を完璧に合わせるという、気が遠くなるような練習をやり抜いているからですよ」

横山先生の分析も同じでしたが、ここまで粘り強く真面目に努力する子たちに「もっとがんばれ！」と言っても現状は打開できません。がんばり方を変えなければなりません。

リーダーとメンバーの距離感という大問題

すべてのリーダーの前にある二つの選択肢

京都橘には、マーチングと音楽、二人の指導者がいました。

マーチングについては宮先生、そして後継のコーチである横山先生に指導をお任せしていました。いずれも第一級のマーチング・センスを持っています。

そして音楽・演奏ついては、私が指導者。私はまた指揮者であり、音楽監督でもありました。

つまり技術については、手分けして指導していたわけです。

しかし私は顧問であり、音楽の面倒だけを見ればいいというわけにはいきません。楽団代表としての役割も果たさねばならない――私の役割を野球にたとえるなら、コーチ兼監督のようなもの。演奏の技術的指導をしながら、全体を統括し、精神面でも生徒たちのリーダーとなることが求められていました。

京都橘に着任する前、公立中学での吹奏楽部指導では、私自身の年齢が若かったこともあり、音楽の楽しさを教えることから始めました。生徒との距離も、友達とは言わずともぐっと近かったのは、そこに男子がいたからでしょう。私は昭和の男であり、世の中全体にも今のようなジェンダーフリーの意識はありません。男子の子どもっぽさや親しみやすさに、ずいぶん救われました。

そんな私が赴任した当時の橘は、「京都橘女子高等学校」。共学になったのは2000年からです。現代の吹奏楽部は女子が多いので、中学校でも男女比は1対3ぐらいだったのですが、見渡すかぎりの女子高生を前にしたとたん、男子の存在がいかに重要だったのかを痛感していました。

赴任してすぐ指導者として迎えられたとはいえ、それはあくまでも形だけのもの。まだ生徒たちの信頼を得ているはずもありません。

「何しとるんや、この変態野郎！」

顧問になってまもなくの5月に行われた「ブラスエキスポ95」のパレードで、生徒の隊列にいやらしくくっついてきた不審者を私が撃退するという事件が起き、生徒たちからヒーロー扱いを受けたのですが、それはあくまでも一時的なブームのようなものでした。

彼女たちの全面的な信頼を得るには、もっともっと時間が必要だ……。それは私がいちばんよくわかっていました。

「信頼獲得プロジェクト」に取り組むにあたって、スタート地点では二つの選択肢がありました。その頃の「どちらを選ぶか？」という心の葛藤は、四半世紀経った今も、はっきりと記憶に刻まれています。

❶ まんべんなく全員に声がけし、フレンドリーな関係を結ぶ

❷ 一線を引き、あくまでもよそよそしいが、けじめある上下関係を保つ

これは教師に限らず、すべてのリーダーが悩むところで、教師と生徒ほど関係性がクリアでないビジネスパーソンこそ、迷う点ではないでしょうか。

女性は「不公平さ」を何よりも嫌う

中学校教員時代の私は、❶の「フレンドリーな関係を結ぶ」指導者でした。これは、愉快なことが大好きで気さくな大阪人たる私には合っており、それで成果も出ていました。自分自身、笑顔で毎日を送れるし、気持ち良いのでストレスもたまりません。

しかし今度の相手は女子高生。フレンドリーというのは諸刃の剣で、うまくいけば仲良くなれますが、ヘタをすれば「キモイ!」と秒殺されます。

中学生は子どもらしさをまだ残していますが、高校生は大人に一歩足を踏み入れています。そのうえ京都は、ストレートに物言わぬ土地柄。誰かが変なことをした場合、私の地元の大阪なら「何してんねん」とずけずけ言ったり笑ったりするけれど、根に持たない。京都はそう単純にはいかないのです。

女子ばかり。高校生。京都。

私を不安にさせる要素がしっかりとそろっており、ちょっと失敗しただけで集団から完全に敵視されるのではないか、という恐怖心を拭いようがありませんでした。

さらに、フレンドリーとは、実は曖昧模糊《あいまいもこ》とした人間関係です。私がどんなに心を砕いて全員に公平に接したところで、そう受け取らないメンバーも出てくるはずです。

「Aちゃんは先生に話しかけてもろてはった。私はしゃべってもろてへん」

こんなことを陰で言い出すメンバーが出てくることは、容易に想像がつきました。

あれこれ考えた挙げ句、私は思い至りました。

「女子の集団をリードするうえでいちばん大切なのは、公平さだ」と。

女性は不公平を何よりも嫌うと思います。集団の中の一人だけとか、一部の層のみをひいき、優遇することは御法度《ごはっと》。全員と同じように接しよう——それこそが、女子校のクラブ指導者として、私が第一に心がけようと決めたことでした。

カリスマリーダーではなく「知らん顔の指導」を目指す

カリスマリーダーは個人を成長させるのか？

こうして着任早々、私はオレンジの悪魔たちに対して、徹底して一線を引き、無愛想に接していました。

「めったなことでは、こちらから話しかけない」という姿勢は、気遣いが不要なぶん楽なのですが、それだけでは指導はできず、次なるカードも切らなければなりませんでした。

リーダーの指示を行き渡らせるために、全体に向けて熱い訓話を披露するというスタイルもあります。話がうまい熱血タイプのリーダーであれば奏功するでしょうし、次なるカードになりえます。

「おまえたちは努力している。がんばっている。がんばれるっていうのは、それだけで才能なんだ。心を燃やせ！　上だけを見ろ！　目指すのは全国だ！」

ありがちな青春感動ストーリーなら、こんなセリフになるのでしょう。現実に、こういう熱い言葉で人を動かすリーダーはたくさんいます。

そして、名経営者の稲盛和夫さんや松下幸之助さんのようなすごい人から、ヒットラーのような極悪人まで、カリスマ性のある指導者はだいたい、話がめっぽううまいのです。

しかし私は、これもピンときませんでした。自分はそもそも訓話が得意な熱血タイプではない、というのが第一の理由です。そして、私がカリスマリーダーを目指さなかった理由は、ほかにもありました。

私がカリスマリーダーを目指さなかったのは、チームを成長させないからです。

「この人についていけば、間違いない」と思えるリーダーがいれば、全国大会には行けるかもしれません。メンバーも一丸となってまとまるでしょう。しかし、私が指導しているのは、あえて言いますが「たかが高校の部活動」。全国大会に進出することよりももっと大切な目的は、その経験を通して生徒を成長させることです。

どんな組織においても「リーダーがいなくなったらつぶれる」ようでは、長続きしません。メンバー一人ひとりの自主性を育まなければ、チームは強くならないし、そこにかかわった個人の糧にもならない。

学校というところは、生徒が入ってきては出ていきます。入ってきたときよりも、少しでも成長して出ていってもらうのが、私たち教師の役割です。人を育てるとは、相手がわが子でも、生徒でも部下でも、彼らに「自分がいなくても生きていける強さ」を身につけてもらうことではないでしょうか。そこにカリスマリーダーは必要だと思えないのです。

「音のない言葉」の力

スピーチが下手ならば、書くことで人を動かすやり方もあるでしょう。私が悩んでいた頃よりさらにテクノロジーが発達した今の時代のリーダーは、メールやSNSなど、文章で指導する機会も増える一方だと思います。私も、文章という「音のない言葉」の力は知っていましたし、活用してもいました。

教師であるからには、吹奏楽部顧問だけでなく教科の音楽も教えますし、担任も務めます。私は1998年4月から2018年3月まで、担任教師として20年間1日も休まず、学級通信を発行していました。

ポリシーは、「連絡事項をけっして載せないこと」。なぜなら、特に連絡がない日に筆を止めてしまう可能性があるためで、連絡は口頭で済ませ、学級通信ではひたすら訓示を垂れました。どう生きるか、正しさとは何か、誠実とは何か？　などなど。口で言うのは苦手な訓示も、不思議と文章では素直に表現できるのです。

そして「音のない言葉」には「話す言葉」と違い、相手に反発されることなく、スルッと心に入り込む力があります。生徒も素直に受け取ってくれるのです。

「吹奏楽部でもクラブ通信を出しているんですか？」

学級通信のことが知られるにつれ、外部の人からよく聞かれましたが、その答えは〝ノー〟でした。クラブの連絡プリント（大会本番の日の行動予定など）はすべて自分で書いていましたが、啓発的なことは文章として一切残しませんでした。これは「音のない言葉」の効果を実感していたからです。

オレンジの悪魔たちには、担任クラス以上の思い入れがあることは確かでした。だからこそ、私は安易に感動させたくありませんでした。

学校のクラスというのは機械的に割り振られたものですが、「橘で吹奏楽、マーチングをやる！」という同じ目的を持つ部活動の集団では、音のない言葉は効きすぎてしまう危険があります。効き目が強すぎる薬が時として害を生むように、言葉も相手に影響を与えすぎてはいけません。もちろん、強い言葉で惹きつければ、みんな私を指導者として慕ってくれるでしょう。

しかし、それでは「自律・自立する人間」に育てることができなくなります。誰かがつくったルールを守るのではない。自分でルールをつくって自分を律する「自律性」があってこそ、いつの日か「自立した大人」になれるはずだと、私は思うのです。

精神面にアプローチして一致団結させるのは危ういことです。話だろうと文章だろうと、感動する言葉で生徒の意思統一を図ったり、規律を徹底させたりすることはするまい。もっとはっきり言ってしまえば、私は〝教祖様〟にはなりたくなかったのです。

❶ 自分がもともと話し上手ではない
❷ リーダーが感動させてメンバーをまとめても、一人ひとりが成長しない
❸ 話しても書いても、「感動」は効き目が強すぎて危険

この三つの理由からカリスマ指導者作戦をボツにした私は、自分の顧問スタイルを追求していきました。

「指導をしない、口出しをしない、感動させない」

つまり「教えずに育てる」知らん顔の指導です。具体的には、いったい何をしていたのでしょう？

そして、見つけ出したのは「ハブ」だった

私の前に顧問だった平松先生はご高齢なので、部活に顔を出して準備室に座ったら、まず渋茶をすするという、純和風の習慣をお持ちでした。そこで吹奏楽部部長と2名の副部長から成る「総務」が、真っ先にお茶を入れてお出しし、打ち合わせするのです。

冬でも冷蔵庫でキンキンに麦茶を冷やしておく私と平松先生では、時代もタイプもかなり違いますが、準備室に総務が訪ねてくる習慣は、私が顧問となってからも変わらずにありました。

そこで私はチーム全体とくっきり一線を引いて全体相手にはあまり話さないことの反動のように、総務とは、最初から思い切りフレンドリーに接することにしました。

「学食でのおすすめメニュー、教えてくれへん？」

私がこう尋ねたのは、着任まもなく出会った92期生の、たしか副部長でした。この総務

たちは本当にしっかりしており、私のようなオッサンの相手もそつなくこなしてくれました。ものの数日間で、彼女たちとは何でも話ができる関係になりました。おすすめの「学食のチキンカツに、マヨネーズとケチャップを一筋ずつかけて食べる」という流儀をやってみたら、なかなかうまかった！

次に、3年生の個々のキャラを、総務に尋ねて把握しておくことにしました。つまり、総務が私と全体をつなぐ「ハブ」になってくれたということです。

たまたま用事があって、総務以外のメンバーが準備室に来ると、私はハブから収集していたネタをもとに話しかけるようにしました。

「○○さんは嵐がすごく好きなんやて？　誰が推しなん？」

こんなごく他愛ないことを言うと、みんな一様に笑顔で対応してくれます。当然ですが「練習で悩んでいる」などの情報が入っていれば、もう少し踏み込んだことも言いますが、だいたいが「メンバー個人に寄り添った雑談」でした。

生徒からしてみれば、意外性もあったのだと思います。チーム全体に対してはコーチに任せて何も言わず、むっつりしているのに、準備室で一対一で会うとまったく違う「面白いおっちゃん」。「これはなんだ？」と思い、心を開いてくれたのでしょう。

そして私にとっては、たかが雑談であっても、人となりを知るための貴重な情報収集になったのです。

さらに私の指針については、総務にドラムメジャーを加えた4名、言ってみれば京都橘の「役員」にそれとなく投げ掛けて、彼女たちの言葉で全体に伝えてもらう体制をつくっていきました。

吹奏楽部のリーダーである総務も、マーチングバンドのリーダーであるドラムメジャーも、大変な役割です。それを担う4名はしっかりしているとはいえ、生徒ですから完璧ではない。言ってみれば「弱い人」です。

でも、教師という「強い人」である私が、生徒という「弱い人」たち全体を直接指導するよりも、**「ちょっと弱い人＝役員」が「ものすごく弱い人＝他のメンバー」を指導するほうが伝わりやすい。**

また、役員も弱い人である以上、いきなり指導はできません。「どうすればいいか」を役員4名であらためて相談したり、3年生全員で考えたりせざるをえず、結果として、全員に自主性が生まれます。自律的に行動し、成長させることもできます。

これこそ「弱弱指導」の本質です。

海外遠征で学んだ心の動かし方

言葉ではなく経験で心を動かす

知らん顔の指導から確立していった弱弱指導がどのように効き目を表し、オレンジの悪魔たちの復活ストーリーが展開していったのか——それを具体的に書く前に、もう一つ付け加えておきます。

オレンジの悪魔たちが自分の頭で考え、行動できるようになった。その礎ができたのは、けっして私一人の手柄ではありません。

私はカリスマ指導者のように振る舞って生徒を感動させることはしませんでしたが、生徒たちは部活動を通して、存分にやわらかな心を動かしていました。アマチュアとはいえ、みんな音楽家です。音楽家にとって心を動かすことは、アスリートにとっての筋トレのようなもの。では、どうやって心を動かしたかといえば、それは言葉ではなく、ほかにはできない体験をさせることによってでした。

京都橘で海外演奏旅行が始まったのは1975年。英国ヨークシャー州で行われている音楽祭「国際フェスティバル」への出場でした。1ドル360円の時代ですから、修学旅行や研修旅行で気軽に海外へ行く現在とはかなり状況が異なります。

「女子高校生、それも一部活がヨーロッパへ遠征するなんて、とんでもない暴挙だ！」

吹奏楽部創設者である平松先生は、校内の会議で〝袋叩き〟にあったそうです。しかし、平松先生には、いかなる反対も押し切るだけの情熱がありました。

「クラシックの本場といえばヨーロッパです。なんとしても生徒たちにその場所を味わってもらいたい。まだ若くて心がやわらかいうちから、風光明媚なヨーロッパの街で演奏する経験をさせてやりたい！」

中学校教員時代にコンクールやコンテストでの〝勝った、負けた〟ばかりに振り回され、いい加減うんざりしていた私にとって、平松先生の「めったにない貴重な経験を生徒にさせてやりたい」という考え方は斬新であり、同時になつかしいものでした。

私が音楽の道を目指したのは、小学生の頃。幼稚園児のときに日本一の池田市立呉服小学校吹奏楽団に憧れ、越境入学までしてそのメンバーになりました。高度経済成長時代の最大の行事、日本万国博覧会の開会式に出演し、テレビで全世界に衛星中継された――ほかではけっしてできない経験をしたことで、私の吹奏楽人生は始まりました。

子どもの頃、私にたくさんの経験をさせてくださった松平正守先生。

京都橘の生徒たちにたくさんの経験を今もさせている平松久司先生。

二人の恩師の指導方針は、私にやるべきことを教えてくれました。つまり、リーダーの役割は、ほかではできない経験をさせること、その舞台を用意することなのです。

ハワイで学んだあたたかな感動

2018年に私が去るまで、京都橘では11回にわたってハワイ交歓演奏旅行を実施していました。第一回である1986年から「全員が在学中に1回ずつ経験できるように」と、3年に1回の恒例行事となっていました。

私にとっての初海外遠征はマウイ島で、着任直後の95年。私たち教員は「ここは本当にハワイなのか?」と悲しくなるほどにうらぶれた安宿に泊まりましたが、生徒たちはハワイのバンド・ブースター、日本で言う吹奏楽部保護者会の家庭にホームステイです。最初の演奏は、ショッピングセンターの広場でのミニコンサート。私も指揮者として「アメリカデビュー」を果たしました。

メインの演奏は、旅の締めくくりとなるマウイ・ハイスクール体育館での「さよならコンサート」。第一部は制服を着ての座奏、第二部はユニフォームに着替えてのマーチングという構成です。

オレンジの悪魔たちがユニフォームに〝お色直し〟して登場したときの、現地の人たちの盛り上がり方は、日本では想像できないほど熱狂的なものでした。

特にホストファミリーのみなさんは、わが家に滞在した生徒がソロを担当しようものなら、拍手、歓声、「ピーッ！　ヒューッ！」と指笛で大盛り上がりで、喝采合戦の様相を呈します。ハワイのあたたかい「気持ちの力」が、会場を覆い尽くしていきます。これだけ観客が盛り上がれば、演奏者が盛り上がらないはずがない！　憧れのハワイに舞い上がり最初は出なかった調子も、クライマックスに向かってうなぎのぼりです。

「おい、今日はウケるぞ！　思い切りやったれ！」

私までつい興奮して休憩時間に声がけしたのも、やはり「気持ちの力」によるものでしょう。演奏会終了後は、生徒は涙、現地の方々は笑顔で抱き合いました。

何を感じるかは、一人ひとり違うでしょう。でも、演奏をする喜び、人を楽しませるうれしさは、どんな言葉で説明するよりも強く訴えかけ、その人の内側に染み込み、やがてパフォーマンスとして花開いていきます。

カウアイ島でのアロハ体験

マウイ島は開発による都市化が進みすぎ、何をするにも高くつきます。そこで98年からは、カウアイ島で交歓演奏会を行うことになりました。

カウアイ島はハワイ諸島の大きな4島の中では一番の田舎。「ガーデン・アイランド」という愛称で呼ばれ、美しい自然がたくさん残されています。大阪府ぐらいの面積に5万人ほどの人口。「椰子の木より高い建物を建ててはいけない」というだけに、360度見渡しても人工の建造物が目に入らない場所がたくさんあります。エルビス・プレスリーの『ブルーハワイ』や、スピルバーグの『ジュラシック・パーク』のロケ地になりました。

プロデュースをしてくださったのは、カウアイ島の顔役、日系3世のアート梅津氏。優秀なフラダンスのグループを、映画『フラガール』で有名になった福島県いわき市に紹介したり、若い人たちに活動の場を与えるためのイベントなども企画する辣腕《らつわん》です。

それから何度も交歓演奏旅行を行うことになったカウアイ島は、牧歌的で、人々もすれていないあたたかさがあります。

「アロハ」という言葉はただの挨拶ではなく、すべてを受け入れる思いやりの精神だと言われますが、カウアイ島はその象徴のような場所でした。「橘の生徒が来る」となれば、その話題で持ちきりとなり、島を挙げて大歓迎してくれます。素朴で素直なやさしさに触れる経験は、紛れもなくオレンジの悪魔たちの心を育てる恵みで、文字どおりアロハ体験でした。

京都橘はアトランタオリンピック、ローズパレードという海外での得難い経験をしていますが、私からすればカウアイ島での経験も同じくらい、むしろこちらのほうが素晴らしいものだったと思います。私がこの交歓演奏旅行をずっと続けてきたのは、カウアイの人たちのアロハの精神にじかに触れることで、生徒たちに「地球上にはこんなに素晴らしい人たちがいる」ということを知ってほしいという気持ちからでした。

感動はするもの、与えるものではない

アトランタオリンピックの踊るポリス

「オリンピックで演奏する」という、なんともすごい話が舞い込んできたのは、95年秋のことでした。開催地はアトランタで、〝音楽団体の海外遠征を企画するエージェント〟の持ち込み企画だったのですが、ハワイ遠征の成功で気分が高揚していた平松先生と私は、「素晴らしいじゃないか！」と最初から乗り気でした。

京都橘の吹奏楽部では、こういった大きな案件は、指導者だけで勝手に決めるようなことをせず、まずは保護者会に打診します。お金を出していただくのは各家庭ですから、当然の話でしょう。ハワイ遠征から1年弱しか経っていないのに、ハワイの倍の遠征費が必要になる……。私たちは反発を覚悟で説明を始めました。

しかし、「ほかではできない経験をさせたい」という願いは、むしろ親御さんたちに強くありました。

「オリンピックへ行けるなんて、一生にあるかないかのチャンスです。夕飯のおかずを減らして節約します！　ぜひとも子どもを行かせてあげたい！」

学校からも「それは名誉なことだ」とすんなり承認され、話はトントン拍子に進みました。数社の新聞社が入れ替わり立ち替わり取材に訪れ、ＮＨＫ京都のニュース番組にも生徒代表を連れて出演し、私は普段のダンマリはどこへやら、「京都でのマスコミデビューのチャンス！」とばかりに、しゃべりまくりました。

こうして臨んだアトランタオリンピックでは、スタジアムに隣接する公式エンターテイメント会場の野外ステージやイベント広場で演奏を行いました。どこへ行っても拍手・歓声とスタンディング・オベーションの嵐で、それはもう私の筆力では表せないほどの反響でしたが、特に印象的だったのは、公式会場以外でのイベントです。

「フェスタ・ローマ」という、アトランタ郊外のローマという田舎町で行われるオリンピック記念パレードに出演したときのことです。

「おらが町にもオリンピックが来たぞ！」と言っていたかどうかは定かではありませんが、アメリカ人はパレードが大好き。田舎町とはいえ、町を挙げての熱狂は大変なもので、現地の警察が出動して交通を遮断するほどの、大規模なイベントでした。

沿道の人々全員がノリノリで踊り、叫び、私たちが通りかかると、割れんばかりの拍手と歓声。びっくりするほどの反響です。パフォーマンスに対するスタンディング・オベーションは当然、というのはハワイでもオリンピック公式会場でも経験していましたが、この田舎町でもそれは同じです。

驚いたのは、警備にあたる警察官までが、私たちがパレードで演奏する曲に合わせてずっと踊っていたことです。熱狂する見物人に向かって「そこから入ってはいけません」と声を涸らして言い続けるのが仕事かと思えば、巨大なマッチョボディを演奏に合わせて揺さぶり、仕事そっちのけでノリノリ……。まさに踊るポリス……。いかにもアメリカらしい田舎町のパレードを経験できたことは、生徒にとっても私にとっても〝パレード愛好者〟として一生の財産になりました。

演奏する人と聴く人に生まれる感動のユニゾン

音楽好きな方にはあらためて説明するまでもありませんが、「ユニゾン（unison）」という言葉があります。元はラテン語のunisonus（一つの音）で、「ユニ（uni：単独）」の「音（ｓｏｕｎｄ）」という意味です。

一つの音、同音が混じり合うことから、英語では「調和、一致」という意味になっており、吹奏楽のようなバンドでは、違う楽器のさまざまな音が一つの音になる、調和を意味しています。

そして音楽による感動は、自分が奏でる一つの音が、誰かが奏でる一つの音と合わさってユニゾンとなったときに生まれます。さらにそこに、音楽を聴いてくれる人たちの感動が混じり合えば、より美しいユニゾンが生まれるはずです。

オレンジの悪魔たちはハワイで、アトランタで、それを体感してきました。

「どんな上位の大会で良い賞状をもらうことより、橘でしかできない経験をたくさんすることのほうがもっと大切だ」

「私は〝教える〟のはやめよう。自分ひとりが指導して生徒を動かすのではなく、ひたすら『体験の舞台』をたくさん用意しよう。そして彼ら、彼女ら自身に感動してもらいたい。人々を感動させるのではなく、その演奏や動きによって、人々の心を自然に動かすようなマーチングバンドに成長していってほしい」

私はそんな願いから、創設年度の１９６１年からずっと行われていた冬の定期演奏会のほかにも、さまざまな〝本番〟を増やすことにしました。私のライフワークとなった、中学校とのジョイントコンサートもその一つです。

真面目でひたむきな練習だけでは越えられない壁を、二つの方法で越える――それが私の結論でした。

❶リーダーは知らん顔をして、生徒が生徒を指導する「弱弱指導法」
❷言葉ではなく、得難い体験で自然に心を動かす「経験重視の指導法」

こう書くと、いかにもきれいにまとまっています。しかし、オレンジの悪魔たちが復活を遂げるまでには、もっと泥臭くて人間臭い、悪戦苦闘が待ち構えていました。

相手は物語の中の女子高生ではなく、生きてもの言う女子高生。しかも私が愛する彼女たちは、世界でも大人気を誇る〝悪魔〟なのですから。

第3章

ちょっと弱い先輩が、もっと弱い後輩を指導して強くなる

「弱弱指導法」で道が拓けた!

オレンジの悪魔の役員になる

民主的でボトムアップな「ハブ」の選抜

「教えない」リーダーたる私は直接、部員全体に指導することをしない。

総務（部長1名、副部長2名）にドラムメジャーを加えた4人の「役員」に指導させる。

教師という〝強い人〟ではなく、生徒という〝弱い人〟が、同じように弱い人を教える仕組みをつくる。

これが弱弱指導法の基本なのですが、誤解しないでいただきたいのは、私が〝陰の権力者〟になっていたわけではない、ということです。

自分の意のままになる役員を選んで院政を敷き、あたかもコマのように動かすのは、政治の世界や会社組織ではよくあるケースかもしれませんが、弱弱指導はそれとは一線を画するものです。

見守るけれど、口出しはしない。自治をさせ、全体の自主性を高め、自律するチームにすることが弱弱指導の本質ですし、自分の意のままになるようなお気に入りを役員に選ぶなど、私にはできませんでした。

京都橘には、私が着任した時点で、すでに自主性がありました。それには、前任者である平松先生の大らかなキャラクターが影響しています。

「いやあ、あのステップは素晴らしかった。きみたちは特別だ」

「今日の笑顔は抜群だぞ！」

こんなふうにほめて育てるスタイルで、部員たちがもめているときでも、口癖だった「きみたちはみんな僕の娘だーっ！」というセリフを唐突に叫ぶので、吉本新喜劇よろしく、一同ずっこけるしかない……、ということもありました。

平松先生は当時の全日本吹奏楽連盟の副理事長でもあり、非常に多忙でした。大らかで、めったに顔を出さない顧問――そうなれば、おのずと部員による自治となります。他校の吹奏楽部の中には、顧問が能力やリーダーシップなどを考慮して部長などを選ぶケースも見られますが、京都橘は「部員たちが選ぶボトムアップ型」で総務やドラムメジャーを決めていました。全員投票による選挙なので、実に民主的です。

〝人事担当者〟より見る目があるのは現場の人間

新総務の選抜は、毎年10月の半ば。いずれドラムメジャーとなる「サブ・ドラムメジャー（略してサブドラ）」の選抜も、その際に行われます。

京都橘にとって大イベントである9月のマーチングコンテスト関西大会が終了し、無事代表に選ばれた年は、その翌日から10月前半まで、コンテストに伴う練習には一切取り組みません。中間テストが終わり、頭をリフレッシュさせてから、全国大会に向けて練習を再開します。

逆に、関西大会で代表になれなかった年は、体を休めながら、コンテストの反省事項や翌年への課題を整理し、12月の定期演奏会に向けて、10月後半からゆっくりと始動しています。つまり、10月半ばはほっと一息つけるタイミングなのです。

選挙は部員全員による投票。2年生から総務（部長と2名の副部長）、1年生からサブドラを選出します。私は準備室に控えていて、その結果報告を受けるだけです。

結果が出ると、旧役員が新役員を連れてやってくるので、私は新役員たちに励ましの言葉をかけます。
年によって違いはありますが、選ばれた新役員の顔ぶれを見て、「なるほど、やっぱりこの子になったか」という感想を持つことはむしろ少なく、「ええっ⁉　なんでこいつが部長（副部長）やねん」という第一印象であったことのほうが、多かったと思います。

しかし、役員としての役割を果たして引退する頃には、「やっぱりこの学年は、この子らが役員で正解やったな」と必ず思うことになります。やはり〝現場の判断〟というのは正しいものなのです。

役員に選ばれる子はおおむね頭の回転が速く、大人の会話についていけます。私のいる準備室にやってきた役員に対しては、普段の知らん顔はどこへやらで、私も冗談を言っていじったりしますが、その返しも見事でした。

役員になる子をたとえて言うなら、バラエティー番組に出ているアイドルの中でも生き残っていく子。芸人にいじられたりしても、自分を消さずにうまく発言していけるアイドルがときどきいますが、まさにあのタイプです。

一般の企業では、上司にすら人事権がありません。しかし、小さなプロジェクトチームであれば、メンバーの投票でチームリーダーを決めてみる。こんな〝お試し民主主義〟を実行すれば、現場の人間が人を見る目は、人事担当者より確かだと、実感してもらえるかもしれません。

人材は育てるものではなく、育つもの

「しっかりした人材」をどうやって見極めるか？

部長は部活動を統括する、文字どおり「部のリーダー」であり、副部長はその補佐役。3人の総務は、部を支える大切な役割です。3年生の引退を前に、2年生から部長、副部長を選ぶので、人となりはある程度わかっています。

いっぽう、「バンドのリーダー」たるドラムメジャーは、2年生から選ぶわけではありません。3年生のドラムメジャーの引退が近づくと、2年生のサブ・ドラムメジャーが昇進し、3年生と並行してドラムメジャーとなり、1年生から新たなサブ・ドラムメジャーが選ばれるというシステムです。

サブドラの漠然とした選考基準は「1年生の中でいちばんしっかりした子」ですが、これがなんとも難しい。選挙が行われる1年生の10月は、入部してまだ半年。人となりを見極めるには眼力がいります。

「ドラムメジャーは先頭でバトンを回して、かっこいいなあ」と憧れているだけの人には務まりません。もちろんマーチングバンドの花形ではありますが、同時にマーチングのすべてを統括する役割を担います。

練習の計画、遂行、指導を取り仕切り、メンバーの精神的支柱にもなります。たとえば本番の日、ソロパートという大役を任されて緊張してしまったメンバーを、「大丈夫、ずっと見てるで。うちの顔を見て吹いたらええねん！　絶対できる！」と引っ張っていく、なんてメンタルのケアもドラムメジャーの仕事のうちです。


サブドラ候補をどう見極めるのか——私のような大人、もしくは上級生から見た「しっかりした子」や「誠実な子」に、実は裏があるなんてことも、たまにはあったようです。

そこで部員たちは、まるで選挙中のテレビ局のようにリサーチをし、当落予想までします。そればかりか、陰で〝組織票〟が動くこともありました。

たとえば、自分たちの学年からサブドラを出す1年生が団結して、2年生にこっそり相談をするのです。

「サブドラはAさんがいいと、1年は全員一致しています。3年生はBさんがいいとお考えのようですが、Bさんはしっかりしているというより、ええかっこしいです。陰では意地悪なので、私たちのリーダーにするのは嫌です！　先輩、Aさんを推してください。口数は少ないけど、芯の強い頼れる子です。よろしくお願いします」

そんなふうに1年生からお願いされた2年生は、交換条件を出します。

「わかったわ。そんなら2年はサブドラにAさんを推すけど、その代わり新部長には、うちら2年のみんながええと思ってるCさんに投票してな」

1年生と2年生、2年生と3年生は衝突しがちです。直属の上司が煙たいのと同じように、一つ上、一つ下の学年はやりづらいのでしょう。そして1年生と3年生はうまくいくものなのですが、選挙となれば1年生と2年生が「一二同盟」を締結することもあったようです。いやはや、どんな世界でも人間関係は複雑なものです。

オレンジの悪魔を率いるドラムメジャーの〝育ち方〟

選出された2年生の新総務は、3年生の現役総務と行動を共にし、その仕事を見習いながら、集団の動かし方を練習します。「隣り合う学年とは仲が悪いはずなのに、うまくいくのか?」という疑問を抱かれるかもしれませんが、答えは簡単。「そんな了見《りょうけん》の狭い者はリーダーに選ばれない」ということです。

そして1年生の新サブドラは、2年生の新ドラムメジャー、3年生の現役ドラムメジャーについて修業を開始します。ちょっと旅館の若女将みたいですね。

最初の仕事は、コーチの横山先生が来校したときに、お迎えしてコーヒーを入れること。ペットボトルのアイスコーヒーなのでそう難しくはありませんが、「××を呼んできてくれ」と指示されればすぐに動きます。まさに下積みの仕事ですが、サブドラはオレンジの悪魔を代表するドラムメジャーとして華やかにデビューする日を夢見て、喜んで取り組み始めるのです。

また、サブドラがいちばんやらなければならないのは、学年のリーダーとして集団をまとめること。それは同学年からも期待されています。2年生にはサブドラと総務、3年生にはドラムメジャーと総務がいますが、1年生にはサブドラしかいない。つまり2年に進級するまで、たった一人の学年リーダーです。

メンバーの不安や不満をまとめて先輩ドラムメジャーに訴える、などという展開もたびたびあり、それで神経をすり減らすこともあります。

また、仲間と意見が合わずに孤立して、孤独感にさいなまれることも。サブドラは非常にキツい役割です。しかし、それぐらいでへこたれていては、ドラムメジャーは務まらないということです。

過酷な練習を支え、「勝てないのではないか」という不安を飲み込んで仲間を励まし、ときには泣かせるようなキツい指摘もし、「絶対にやり遂げる」という揺るがない意志を持ってチームを引っ張っていく。

そして本番が始まれば、そこでもバンドをリードする。みんなの笑顔がこみ上げるような楽しさも、「ああなりたい、あの人みたいにやってみたい」という憧れも、華やかなパフォーマンスを通じて体で示さねばなりません。

これは教師には教えられません。教えられる者がいるとしたら、先輩ドラムメジャーです。あとは、本人が積み重ねていく経験だけが頼り。ドラムメジャーとは、誰かが育てるものではなく、育つものなのです。

この重責に耐えうる人材として、みんなから選ばれた。そのことに自信を持って、部の看板を背負う立派なドラムメジャーに育ってほしいと、顧問は願うばかりでした。

弱弱指導が動き出す五つのステップ

ハブである役員たちから、私は絶えず情報収集をしていました。

「あの子はどんな子なん？」などと投げると、いろいろ教えてくれます。

「実は1年のとき、こんなことがありましてね」

「強そうに見えて、実はけっこうビビリですよ」

こうした情報に加えて、私は生徒一人ひとりを観察することにしました。そうやってキャラクターを把握しておけば、弱弱指導が「うん？　ちょっと行き詰まっているぞ」というとき、適切な助け舟を出せます。

また、みんなの前では何も言わない私が、実は総務との間ではいろいろ話していることを、周りの部員も知っていました。

ここに私の深謀遠慮があり、雑談の中で「この間、先生、こんなこと言うてはったで」と総務がぽろっと言うことで、自分の思いが全体に水のように浸透していくと考えていました。そういうやりとりを通して、ハブたちも成長していきます。

❶ 教師のアドバイスが浸透する
❷ 課題に対して「先生ならこう言わはるんとちゃう？」とイメージする
❸ イメージをもとに、自分たちの頭で解決策を考えるようになる
❹ 考えた解決策を全員でシェアして、成功したり失敗したりする
❺ この繰り返しで、**自分で指導できるほどに成長する**

この5ステップが完成すれば、弱弱指導が機能しはじめます。

ハブの役員たちだけでなく、部員一人ひとりが育っていくというわけです。育っていった部員は、役割に関係なく、ほかの部員を育てることができます。つまり、部員同士が育て合うこともあるのです。楽器ごとにいるパートリーダーは、その代表格です。ハブの役員たちによる弱弱指導によって、パートリーダーがこのステップを身につければ、弱弱指導は一気に「育て合うチーム」の基盤となります。

そうなればもう、私は見守る立場でいられます。ほとんどの時間はコンピュータに操縦を任せている、飛行機の機長のようなものです。

それでも機長がけっして操縦席を離れないのは、緊急時に備えるためです。飛行機で緊急事態が起きる確率は交通事故よりはるかに低いのですが、京都橘ではしばしば緊急事態にも見舞われました。

また、育っていくオレンジの悪魔たちにふさわしい最高の舞台を用意するという、私にしかできないプロデュースの仕事もありました。

その点に言及する前に、1998年にグランドスラムを達成したものの、21世紀に入ったとたんに行き詰まってしまった京都橘の、その後について話を進めましょう。

自分の頭で考え、行動しはじめた悪魔たち！

部員自ら生み出したサンバステップ

6年連続全国大会出場を逃したとき、「私たちも手をこまねいていたわけではない」と第2章で書きましたが、弱弱指導が本格的に形になっていったのもこの頃からです。

❶ 教えず、弱弱指導に徹する
❷ 部員の自律性・自主性をさらに伸ばす

停滞期を打開できたのは、オレンジの悪魔たちの力にほかなりませんが、私の二つの方針も、その下支えにはなったのではないでしょうか。

たとえば、2002年の「シーサイド・バウンド」。京都出身のジュリーこと沢田研二さんがボーカルをしていたザ・タイガースの懐かしのナンバーで、「京都人の心をわしづかみだろう」という曲をフィナーレに持っていきました。その際の演奏と振り付けは全国的に有名になりましたが、それは当時3年生だった99期生が考えたものです。

関西大会で金賞は取れたものの、残念なことに全国大会の出場権はつかないという〝ダメ金〟に終わってしまいましたが、フィニッシュでは万雷の拍手となり、手応えは感じ取りました。

また、横山先生が新しいステップを取り入れた際、99期生はその練習方法を自分たちで考え出しました。

それまでのステップはカレッジスタイルらしいシンプルなものでしたが、新しいステップは、今日のオレンジの悪魔のトレードマークとなっている「サンバステップ」。ちょこんちょこんと半分飛ぶような可愛らしいステップで、パレードの最後の曲では必ず出てきます。しかし、これがかなり難しい！　横山先生の下でいくら練習しても、体育の時間の反復横飛びみたいに、ぎこちないものになってしまいます。

部員たちはいろいろと試行錯誤をした末に、基礎ができている上級生がまずステップをマスターし、それを下級生に教えるというやり方を編み出しました。

フォークダンスの「ジェンカ」のように、先輩が前に立ってサンバステップを踏み、後ろに続く後輩は先輩の肩に手を置くことで、躍動を体感しながらステップをマスターしていきます。

こうした工夫は99期生だけでなく、どの代でも行うようになりました。

たとえばマーチングの基本演技、「ピンフィール（ｐｉｎｗｈｅｅｌ）」。コーナーを曲がるときに８拍の間に90度回転するのですが、「４拍進んだところに45度の線を引いてターンする」「ターンする場所に靴を置いておく」など、地道な工夫も考え出しました。

このようにオレンジの悪魔たちは、自ら弱弱指導法をつくり上げていったのです。そしてそれは年々、研ぎ澄まされていきました。

その証拠に99期生、１００期生、１０１期生の時代の1年生がサンバステップをマスターするのは夏頃でしたが、その後の1年生は、5月に行われるブラスエキスポの頃には、しっかり踏めるようになっていきました。

最近では指導法がさらに進化し、ほとんどの新入生が体験入部の二日目には、初々しいサンバステップを披露できるようです。

コンテも部員が一からつくる

横山先生は宮先生の弟子とはいえ、対照的な指導法をしていました。宮先生は部員を実際に並ばせて全体の動きを決め、フォーメーションをつくり上げていたのは、第1章で述べたとおりです。部員たちはコンテを書き留めるだけで、任されていたのは振り付けの部分だけでした。

しかし横山先生は、大本である全体の動きから部員に考えさせ、コンテも部員に書かせています。着任後すぐ、横山先生は3年生を集めてこう話しました。

「僕はきみたちの指導に来させてもらったことを非常に誇りに思っている。レッスン代がどうのこうのより、こっちがお金を払うてでも教えさせていただきたいぐらいや」

そう、横山先生が部員にすべてを任せたのは、京都橘の能力を見込んでいたからです。なぜなら、あちこちで引っ張りだこの人気マーチングコーチの横山先生は、ほかの学校のためには自分でコンテを書いていたのですから。

さらに京都橘は、横山先生はおろか私が来る前から、部員たちで演出も考えていました。

たとえば定期演奏会の最後に、「さよならマーチ」と「蛍の光」を演奏しながらロビーへ消えていく演出などがその代表です。

また、「座奏であっても立ち上がるスタンドプレーをしたり、ちょっとした振り付けをする」というのは、今や全国の吹奏楽部で行われていますが、元祖は京都橘。部員が考えて始めたことです。

椅子の上にパーンと立ち上がって一斉に吹いたり、ステージに腰掛けて、足をブラブラさせながら演奏したり、記念写真のごとくバッと集合してラストのポーズを決めたり……。

「せっかくやから、振りを付けたらええんとちゃう？」

「じゃあ、各パートでいろんな動きをやって、それを一挙に合わせてみよう」

「一人ずつ互い違いに動いたらきれいに見えるで！」

部員たちはこんなふうに、「どうやって自分たちをかっこよく見せるか」を研究して、マーチングでも座奏でも、新しいバンドのスタイルを生み出していきました。

「橘にしかできないことをやる」という誇りがあるのは、英国から始まってアトランタオリンピック、ハワイでの交流コンサートなど、ほかの学校ではできない経験をしてきた伝統を受け継いでいるからでしょう。自分たちだけにしかできない技があっても「あたりまえや！」というところです。

部員に任せるという横山先生の方針は、図らずも、私がやっていた部全体の運営方針と同じだったのですが、私たちは相談して「こうしよう」と決めたわけではありません。「自分たちでやっているんだ」という、オレンジの悪魔たちが持っている強いプライドと負けん気、何よりマーチングに対する情熱と意欲が、私たち大人を動かしたと言っていいでしょう。

「シング・シング・シング」を完成させよ！

踊りながら演奏する「シング元年」

さまざまな工夫をしても〝ダメ金〟で終わり、あと一歩のところで全国に届かない——。

そんな閉塞感があった京都橘ですが、２００５年、一筋の光明が差しました。始まりは、横山先生が持ってきた1枚のＤＶＤです。

アメリカ発のダンス・パフォーマンス『バーン・ザ・フロア』。「シング・シング・シング」をはじめとするスウィング・ジャズのスタンダードナンバーに合わせて、きらびやかな衣装を着た十数名の男女のダンサーが、激しく、そして華やかに踊っていました。後に元ジャニーズの今井翼くんも参加したことで、日本でも大評判となったエンターテイメントです。

「この『バーン・ザ・フロア』を、楽器を演奏しながらできひんか?」

横山先生の提案に、部員たちは仰天しました。激しいダンスだけでも難しいのに、それを演奏しながらやれというのですから。これまでも弾むような動きのあるマーチングバンドとして力を発揮してきましたが、『バーン・ザ・フロア』はカレッジスタイルの域を超えた難易度の高い演目です。

そのまま踊ったら演奏ができなくなり、演奏を優先したら踊れない。「踊りながら演奏する」というマーチングバンドの落としどころを見つけなければなりません。

そして、落としどころが見つかったとしても、それを全員がマスターするのに大変な技術がいることは、もともと躍動を特徴としていたオレンジの悪魔たちには、よくわかっていたのだと思います。

横山先生の提案を受けたマーチング構成係は102期生。彼らはびっくり仰天しながらも、すぐに「どうやったらそれを実現できるか」を考え始めました。提案する横山先生のほうも、「橘なら実現できる」という確信を持ってのことでした。

マーチング構成係とは、ドラムメジャーを中心に、木管楽器代表、金管楽器代表、打楽器代表、カラーガード代表の5人で構成されます。部長、副部長という総務が部の運営の「ハブ」であるなら、彼らはマーチングバンドとしての「ハブ」です。

構成を考えてコンテを書き、演技も考える。それを3年生に伝え、3年生がメンバー全員を指導していく――。マーチング構成係はバンドの内閣でもあります。

ドラムメジャーがいわば総理大臣で、大臣を任命するごとく各楽器の代表を選びます。演奏の能力が優れている子というより、総理と協力していいチームになれる人が「入閣」するようです。

また、構成係は大会直前に、全員に手づくりのお守りを渡したり、メッセージ入りのワッペンをつくったりして盛り立てる、ムードメーカーでもあります。

怠け体質には「本番」が効く

マーチング構成係を「彼女たち」ではなく「彼ら」と書いたのは、京都橘は２０００年から共学となり、吹奏楽部にも男子が入ってきていたからで、この年はめずらしく男子のマーチング構成係もいる年でした。

当初はなかなかまとまらず、めいめいが勝手な主張ばかりしていたこの代の〝大臣たち〟は、常に真面目に練習する橘にしてはめずらしい怠け体質。何かにつけて怠けるので、横山先生は怠ける暇もない難しい課題を与えようと、思ったりもしたのでしょう。私は私で、中学校とのジョイントコンサートを始めて本番を増やしたりと、怠け対策の手を打っていました。

真面目な努力が苦手な子は発想力が豊かだったり、人前に出ると張り切ったりします。また、「怠けずに練習しなさい」と１００回言っても効果がない子たちでも、「あと10日で本番や！」となれば、こちらが何も言わなくても勝手に練習を始めます。こんなタイプには、難しい課題や本番が効くということです。

こうしてマーチング構成係はまとまり、創造性を存分に発揮して、『バーン・ザ・フロア』のエッセンスを取り入れたステップができていきました。

「シング・シング・シング」は、今でも橘の代名詞と言えるナンバー。その原型をつくり上げた102期生は、功労者と言っていいでしょう。

こうして臨んだ2005年のコンテストでしたが、結果は前年までと同じ。関西大会金賞止まり、〝ダメ金〟でした。

「なんでや?」とは、もう誰も思いませんでした。

原因ははっきりしている――あまりに難易度が高い演技構成に、オレンジの悪魔たちが、対応できていなかったのでした。

「目標達成に必要なこと」を自分たちで考える

練習の「核」を抽出する

〝ダメ金〟に肩を落としている暇はなく、年末年始にはアメリカ遠征がありました。ディズニーランド開園50周年記念クリスマスパレードや、ハリケーン被害に対するチャリティコンサートなどに参加しましたが、やはり「シング・シング・シング」がいちばんの拍手喝采を浴びました。

アトランタオリンピックやハワイでも感じていたことですが、アメリカ人はエンターテイメントに実にストレートに反応してくれます。

「シング・シング・シング」が大評判となったのは、アメリカ音楽の代表なのでウケがいいというだけではありませんでした。

「吹きながら踊っているぞ」

「こんなパフォーマンス見たことがない!」

新鮮な魅力あふれるマーチングバンドへの、驚きから来る感動だったのではないでしょうか。オレンジの悪魔たちは全身にアメリカ人の歓声を浴びて、新パフォーマンスへの自信を深め、「シングを完全に自分たちのものにしよう!」と決意を新たにしました。

23年間の指導を通じてしみじみ思うのですが、どの学年が3年生になるかで、バンドのカラーはガラリと変わります。

発想力は豊かだけれど怠け体質だった102期生の残した「シングのステップ」を引き継いだ103期生は、とても真面目で、少々堅物。ひたすら練習する学年でした。

3年生になってからも、自分たちに厳しく、下の学年をよくリードしました。弱弱指導の見本のような学年です。そして指導者の目で見ていても「この子たちはすごい」と思わせるところがありました。それは、練習の「核」を抽出する力でした。

難しい課題があったとき、ただ反復練習をしてもなかなか上達しません。そこでステップを分析して、その中でいちばん難しい、いわゆる「核」になるような部分をマスターする練習方法を、自分たちで考え出したのです。

これ以上、何をするんだ？

真面目で、核を押さえた練習をモットーとする103期生による弱弱指導のかいあって、「シング」は完成度をいっきに高めました。オレンジの悪魔たちは「今年こそ！」という自信を持って2006年のマーチングコンテストに臨みました。

どうしても勝ちたかった――それは、京都橘がこの年までずっと参加していたコンテストの「フェスティバルの部」が廃止されることになったからでした。

これまで吹連のマーチングコンテストは、規定がある「パレードコンテストの部」と、いわば自由演技の「フェスティバルの部」に分かれており、橘はずっと後者に参加していたのです。

ところが、吹連とM協の両方の大会に参加するバンドは、吹連の「フェスティバルの部」をあたかもM協のリハーサルのように位置付けて出場していました。その傾向に歯止めをかけ、M協の大会と差別化するために、吹連の大会規定が変わることになったのです。90年代にはフェスティバルの部で無敵だった橘マーチングが、フェスティバルの部の最終年にもう一度栄冠を勝ち取れるかどうかが、関係者やファンの間で注目の的になっていました。

準備は万端。本番の出来も最高でした。他の有力校が、「今年の橘にはどうしても勝てない。うちの学校はなんとか2位で通してもらえないか」と口をそろえて言っている、などという話も伝わってきたほどです。私も横山先生も、何よりもオレンジの悪魔たちも、自信満々で結果発表に臨みました。

ところが、結果は同じ。またしても〝ダメ金〟で関西大会止まり。全国大会への道は断たれました。

「もう、これ以上何をせいと言うんや。空でも飛べと言うんか⁉」

憤りとともに2006年が終わりました。

音と動きは両立できるのか？

2007年からパレードコンテストの部とフェスティバルの部が統合されることになり、京都橘はずっと抱えてきた大きな課題に真正面から取り組まざるをえなくなりました。「吹奏楽連盟のマーチングコンテストは音優先」であり、動きが得意な橘は音が弱い。部門が統合されれば、音重視の傾向はさらに強まるはずでした。

「吹連の大会がアカデミー賞だとするならば、我々は優秀なアニメ作品をそこへ持ち込んでいるようなものだ」

その頃の私は、横山先生としばしばこんなふうにぼやいていたものでした。吹連の「音重視」は明らかであり、「弾けるような笑顔のマーチング」が魅力の京都橘は、苦戦を強いられていました。

「座奏の吹奏楽コンクールで全国大会に出場する学校のような音を出しながら、躍動感あるダンスを含めたマーチングをする」という、「言うは易《やす》く、行うは難《かた》し」の課題です。誰が考えてもわかることですが、激しい動きと美しいサウンドの両立は、はっきり言って至難の業《わざ》です。

吹連マーチングの全国大会、特に「高校以上の部」の出場団体は、吹奏楽コンクールでも全国出場している学校が過半数を占めています。そういった学校の演技を見ていると、奏法を崩すことなく、そろりそろりとすり足で歩を運ぶシーンが多くなっています。美しいサウンドと動きを両立させるための苦肉の策でしょう。

たしかに、これは吹奏楽連盟が理想とする「コンサートバンドが歩き出す」ということに合致しています。さらに「無理して動きまわる必要はない」と主張しているようにも思えてきます。

音楽は聴く人のためにもある

しかし、吹奏楽は演者だけのものではありません。音楽はそれを聴く人のものでもあります。静かに行進するだけの出場団体ばかりで、観客に楽しんでもらえるのでしょうか？ましてやオレンジの悪魔たちは、誰かを応援するカレッジスタイルのバンドなのに、そろりそろりと行進して「らしさ」を発揮できるのでしょうか？

「このすごい動きは何だ!?　見ているだけでこっちの気分まで飛び跳ねるようや」

さまざまな人たちが送ってくださった、たくさんの賛辞。過去の大会で、あるいは中学校とのジョイントコンサートや定期演奏会で、「３０００人の吹奏楽」「アマチュアトップコンサート」や御堂筋パレードなど、あらゆる場で演奏する京都橘の笑顔によって、たくさんの人々が笑顔になってきたのです。アメリカの人々にまで伝わった橘独自の魅力を、形式に合わせて抑えたくはない……。

私は自分自身が奏者であり、指揮者であり、吹奏楽の指導に長年携わってきた、いわば

〝座奏のプロ〟です。その私から見ても、京都橘の魅力は激しく動きまわるマーチングでした。

「いくらコンテストとはいえ、音はそこそこだけど、その動きに気持ちが弾むチームも出てきたほうが、連盟は盛り上がるし観客も楽しめると思うのは、間違いやろうか……」

そんな思いが私の心の中で、いつまでもくるくると踊り続けていました。

「今できること」を考えて着実に一歩進む

全国的に有名になった橘の体幹トレーニング

部員たちは音と動きの両立に近づこうと、涙ぐましい努力をしました。上半身を揺らさずに踊るために行き着いたのが、体幹トレーニングです。

どんなトレーニングかといえば、片足をハイステップの形に90度曲げ、片足立ちでバランスをとりながら、3分程度の曲を吹くというもの。立っているだけでグラグラし、息が苦しくなってくる姿勢のまま、3分も演奏するのですから、かなりの荒技です。ジャージ姿で顔中から汗を滴らせ、髪の毛までぐっしょり濡れている姿は、楽器さえなかったら運動部のようです。

新入生は楽器を持たずに両手を真ん中で合わせ、演奏の代わりに「1、2、3、4」と大声を出しながらゆっくり片足立ちのバランスをとりますが、それでも慣れるまでは苦労します。大声を出すのは気合いを入れるためではなく、吹奏楽に欠かせないブレスの量を増やすため。音を大きく美しく響かせるには、たっぷりしたブレスが不可欠で、体幹を鍛えることには相乗効果も期待できます。

この片足立ちはテレビでも放送されて有名になりました。ちなみに、関東の強豪校と合同練習をした際、一緒にこのトレーニングをしたところ、そちらの生徒たちはついてこられませんでした。それほどの過酷さなのです。

マーチングにこだわりぬく

京都橘はこの頃も現在も、吹奏楽コンクールとマーチングコンテストの両方に出場しています。とはいえ座奏の練習は、夏の吹奏楽コンクール直前、わずか3週間だけです。しかもその際も、毎朝の「マーチングの基礎練習」は絶対に欠かしません。

大きな音を出すために、長く音を出す「ロングトーン」の練習を30分間。それに加えて前述の片足立ち。このセットが体幹とブレスを鍛える京都橘の基礎練習です。

なぜそうするかというと、京都橘には「パレードに参加してほしい」「イベントでドリル演奏をしてほしい」という要望がたくさん来ます。私がプロデュースして意図的にそういう場を増やしていたからなのですが、「いつでもマーチングができるようにスタンバイ!」というのが、オレンジの悪魔たちのプライドになっているからです。

壁は崩れるのではなく、崩すもの

マーチングコンテストには勝ちたいけれど、吹奏楽コンクールで全国大会に行く学校ほど座奏の練習はできないし、マーチングの練習をみっちりやるためには、サウンド・トレーニングだけに時間を割いてはいられません。

それでも、2007年に吹奏楽連盟が行った大改革「パレードコンテストの部とフェスティバルの部の統合」は、京都橘にとっては追い風になりました。

長年、積み重ねてきた真面目でひたむきな練習によって、しっかりとした基礎ができていたので、横山先生も私も「橘は規定演技に向いている」との思いがありました。

さらに「華美な衣装は禁止。ジャージ出場も多い」というパレードの部と合体したのなら、DCIスタイルのゴージャスさよりも、カレッジスタイルの清潔な明るさのほうが評価されやすいでしょう。橘スマイルの見せどころです。

何よりも、自分の頭で考えて行動するオレンジの悪魔たちの分析力はたいしたもので、次々と「新技」を生み出して練習に取り組むはずです。そして、その予想は見事に的中しました。


2007年9月の関西大会当日、舞台は大阪市中央体育館。

演技冒頭のコラールはスコットランド民謡の「アニーローリー」。規定演技に用いたのはフィリップ・スパークの「バンドワゴン」。クイックマーチを用い、規定演技消化の中にも〝らしさ〟が大いに出ました。まるで何年もパレードコンテストの部に出ていたかのような巧みな仕上がりに、オレンジの悪魔たちのボルテージも上がっていきます。

そして後半のショータイムは、もちろん「シング・シング・シング」です。

特徴であるイントロのドラムソロが「ドンドンズドドン！」と鳴り出し、そこに重なるスーザフォンとトロンボーン。全員がジャンプしながら踊り出したとたん、客席からは拍手の渦。

「来たーっ！」という歓声がどっとあふれ、肉体的には過酷な演技にもかかわらず、オレンジの悪魔たちは自然に笑顔になります。会場の期待と応援に後押しされて、渾身のパフォーマンスで、京都橘はついに全国大会出場権を手にしました。

つ い に 壁 が 崩 れ た。 い や、 部 員 た ち が 突 き 破 っ た の で す。

ついに全国に返り咲く

恩師に捧げた全国大会出場

2007年の全国大会は、銀賞という結果でした。金に届かなかったとはいえ、7年ぶりに返り咲いた全国大会の舞台は格別なものでした。

全国大会終了後の大阪城ホール噴水前で、私は集まった卒業生たちにこんな挨拶をしました。

「全国大会というところには、やっぱり特別な雰囲気があるなぁ……。100期生から103期生の4学年の人ら、聞いてくれ。きみらをここへ連れてこられず、本当に申し訳なかった。やっぱりマーチングコンテストは、ここで終わらなあかん！」

今や有名になった私のポリシーである「どんな上位の大会で、良い賞状をもらうことよりも、橘でしかできない経験をたくさんすることがもっと大切だ」という弁からすると、この言葉はいささか矛盾してしまいますが、せっかく競争事に参加しているからには、ベストを尽くし、少しでも高い評価を得たいという気持ちから出た、素直な言葉でした。

この全国大会出場は、私個人としても感慨深いものでした。当時の関西吹奏楽連盟理事長は、呉服小学校時代の恩師である松平正守先生。すでに書いたとおり、私を吹奏楽の世界に導いてくださった方です。

関西大会の当日、全国大会出場決定の報告に本部席に行くと、「よかったのう」と祝ってくださった先生。「いやあ、あまりにも久しぶりで、喜び方を忘れてしまいましたわ」とつい照れ笑いをしたことが、今思い出しても胸に迫るのは、その年の暮れに松平先生が心臓発作で逝去されたためです。

「松平先生が亡くなるまでに、もう一度橘の晴れ姿を大阪城ホールでお見せできた」

訃報を聞いたときには悲しみとともに、安堵と感謝が私の心を満たしました。

また、その年の瀬には、全国大会の出場者全員に記念品として配られたミニトロフィーを持参し、宮先生のお寺にうかがいました。出場者全員の手に渡るトロフィー。この優しい心遣いも、松平先生の粋な発案でした。

「主人が亡くなった年に3年生だった卒業生のみなさんが、今でもお参りに来てくれはるんですよ。7年ぶりの全国大会出場なんてねぇ。主人も大変喜んでますやろねぇ。私も本当にうれしいですよ」

奥様のおだやかな言葉を聞きながら、私は翌年のことを考えていました。

「来年は金賞が取れるやろうから、またお参りに来させてもらお」

「橘シング」、関東に初上陸！

翌2008年の3年生は105期生。彼らは2年生のときに、「上級生のやり方は生ぬるい！」と謀反を起こしたほど気の強い学年です。最高学年になると下級生だけでなく自分たちにも厳しく、はために見ていても「えらい子らやなぁ」と感心するほど、猛烈に練習し、練習させました。

「昨年代表になれたのだから、今年なれないはずがない！」

関西大会はこの勢いであっというまにクリア。とんとん拍子に全国大会出場が決まりました。

第1章で説明したとおり、吹連の全国大会は関西の大阪城ホールと関東の幕張メッセで代わる代わる開催されていました。ところが幕張メッセは「全国大会には少々手狭だ」ということで、2009年から大阪城ホールでの恒久開催が決まっていました。

つまり、ラストとなる関東での全国大会です。


2008年の演目は前年度の改良型。コラールはモーツァルトの「アヴェ・ヴェルム・コルプス」を選び、規定演技は引き続き「バンドワゴン」でしたが、ひたすら正面、つまり審査員席からの見栄えを考えたコンテに変更しました。前年のブロックフォーメーションでのローテーションのような、難しい割に効果のない演技をやめたのは、やはり「勝つため」でした。

ショータイムは「シング・シング・シング」ではなく、そのパロディとしてジョン・ウイリアムズが作った映画音楽、「スウィング・スウィング・スウィング」を多用して、両曲のミックスバージョンを初めて演奏しました。

オレンジの悪魔たちが「シング・スウィング・シング」と呼んだりするこの「2曲折衷バージョン」は、このときから現在に至るまで、毎年その比率を少しずつ変えながら進化を遂げ、今や橘のマーチングコンテストの定番となっています。ファンの間でもすっかり有名になり、「今年はスウィング・スウィングの配分が多めだった」などという会話が交わされるそうです。

しかし2008年は「シング4年目、折衷版は初披露」。さまざまなイベントで人気を博したため、関西ではすでによく知られるようになった「橘シング」の、関東への初上陸でした。

自分たちでつくり上げた勝利

「プログラム16番、関西代表、京都府、京都橘高等学校。ドラムメジャーは……」

アナウンスとともにオレンジの悪魔たちが元気に入場し、フォーメーションを取ります。まずは「アヴェ・ヴェルム・コルプス」をしっとりと演奏し、続く規定課題の「バンドワゴン」をきっちりとこなします。そしてサックスアンサンブルでしばらく静止したかと思うと、ドラムによるシングのイントロが始まります。私は真正面でその姿を見守っていましたが、会場の反響は、一種異様なものでした。

関西の観衆にとって、「シング」はもはや「待ってました！」の人気演目で、「ドンドンズドドン」というドラムソロが始まれば「よーし、来たっ！」という空気にその場が包まれていきます。

ところが橘のコンテスト出場史において、最初で最後の「シング、関東に上陸」。今ほどユーチューブも一般的ではなく、関東の人たちはこのとき初めて「橘シング」に接したようなものです。何の事前情報も予備知識もなかった会場は、ただただ呆気《あっけ》にとられているように見えました。

「いったい、何が起こってるんだ?」

こみ上げる笑顔のまま、跳ねる！　踊る！　吹きまくる！　観客は今、目の前で展開されている光景が、にわかには信じられなかったのかもしれません。

はたして、エンディングの「ヘイ！」というキメのポーズの後、一瞬会場は静寂に包まれました。何か、空気が真空になったような感じでした。

ところが、会場全体が息を飲んだ静寂の直後にやってきたのは、怒濤のような拍手喝采の嵐でした。その熱狂度は、地元関西のそれをはるかに超えていたのです。

京都橘高校、全国大会金賞！　文句なしの復活でした。

1998年のグランドスラム達成の夜、「こんなことは続かない」「マーチングバブルみたいなもんや」と感じていた私でしたが、このときは明らかに異なりました。

やろうと決め、やり方を考え、それを実行し、結果を手にする。まさに生徒全員が自分たちでつくり上げた勝利であり、「大会の成績というのは、真面目にやっていればご褒美《ほうび》としてついてくる」という、私の日頃の言葉どおりになったのです。

私のがまんを重ねる弱弱指導のお返しに、オレンジの悪魔たちは、こんな指導者冥利に尽きる物語を生み出してくれたのでした。

第4章

自分で考えて動くためのサポートに徹する「弱弱指導法」虎の巻

親しき仲にも「敬意」が必要

失敗にこそヒントがある

全国大会に返り咲いたその後も、オレンジの悪魔の活躍は続いています。

2009年（106期生）　全国金賞
2010年（107期生）　三出休み
2011年（108期生）　全国銀賞
2012年（109期生）　関西金賞
2013年（110期生）　関西金賞
2014年（111期生）　全国銀賞
2015年（112期生）　全国金賞
2016年（113期生）　関西金賞
2017年（114期生）　関西金賞

私は2018年3月で京都橘を去りましたが、その年も、2019年も関西大会金賞。そして2020年は、新型コロナウイルス感染症により大会は中止です。練習すらできない生徒たちのことを思うと、かわいそうでなりませんでしたが、京都橘だけでなく世界中の表現者にとって、辛い1年となってしまいました。

なかでも3年生が本当にかわいそうですが、こればかりは時を待つしかありません。何もかもがスムーズにいくわけではないのです。

これが小説か映画のシナリオであったなら、「オレンジの悪魔、全国金に返り咲き!」という第3章まで書いたところで、実に気分よくパソコンを閉じられるのですが、現実にはうまくいかないこともたくさんありました。

そこで第4章では、「弱弱指導がうまくいかなかった事例」をもとに、リーダーは現場で、いかにして弱弱指導を機能させていけばよいかをまとめたいと思います。

私がカリスマ指導者でもなんでもないことをバラしてしまうことになり、いささかお恥ずかしいのですが、失敗から生まれた指導のコツを書いてこそ、本書が多くの人の役に立てるのではないかと思います。

敬意があれば、上下関係は悪くない

私は人が成長するプロセスにおいて、ある程度の上下関係は必要だと考えています。教師は生徒の友達ではなく、上級生は下級生より上であっていい。ただしそれは、上級生が「成長したらこうなるのだ」という姿を見せて、下級生に成長を促すためです。翻って言えば、個人の成長につながらない上下関係は意味がない。人間として偉いわけでもなく、力があるわけでもない。先に生まれたというだけで、過分な特権が許されるなど言語道断。ここでいい気になると、必ず間違いが起こります。

上下関係について、もう一つ大切なのは、お互いに敬意を持つことです。それで思い出すのが数年前、かつてオレンジの悪魔だった教え子のZさんが、京都橘に教育実習にやってきたときのことです。「実習とはいえ、要点をとらえた良い授業だ」と私は見守っていましたが、一つだけ気になりました。彼女は生徒たちに対し、敬語を使わずに授業をしていたのです。

「授業のときにタメ口はあかんで。部活とはちゃうねん。生徒とはいえ一人の人間やし、敬意を持ってちゃんと話をして向き合いなさい」

私はこう注意しました。Ｚさんは、〝悪魔時代〟にドラムメジャーを務めており、筋の通った賢い女性です。軽はずみなタイプではなく、むしろじっくり考えるほうです。

そんな彼女がタメ口を使ったのは、年齢が近い生徒たちに「親近感を持ってもらおう」と考えてのことだったのはわかっていました。もしかしたらドラムメジャー時代、部員を引っ張っていたときのやり方を踏襲したのかもしれません。

しかし、タメ口は「弱弱指導」だからこそ効果を発揮するものです。強い立場の教師になれば、誰とでも、人として敬意ある目線で向き合わなければいけない。敬意がなければ信頼関係は生まれません。

Ｚさんはそれをしっかりと受け止めてくれたようで、今では中学校教師になり、吹奏楽部の指導もして、実績を上げています。

強い立場であるリーダーは、弱い立場であるメンバーに対していつ何時も敬意を忘れてはならない――オレンジの悪魔の底力だけでなく、弱弱指導のＤＮＡも受け継いでくれているかもしれないと思うと、私はこそばゆく、またうれしくてなりません。

新人オレンジの悪魔の〝デビュー〟とは？

京都橘吹奏楽部の名物は「あだ名」

毎年3月後半には、色とりどりの中学校のジャージを着た新入生たちが、京都橘高校吹奏楽部の体験入部にやってきます。桜吹雪の下で元気な掛け声を出しながら、マーチングの基礎練習を始めるのです。

指導する上級生は、みんな笑顔です。6月には関西の大規模マーチングイベント「3000人の吹奏楽」があり、5月下旬からは練習がすさまじい厳しさになります。逆に言うと、5月下旬になるまでの短い春の間だけ、先輩たちの笑顔は継続されるのです。

まだ中学生っぽさを残した新1年生は「憧れの橘で練習ができる！」と、うれしくてたまらない様子で、やはりみんな笑顔です。やがて、ハイレベルな練習のあまりの過酷さに、上級生からも自分たちからも笑いが消えていくのもまだ知らずに……。指導する2、3年生は、それぞれ手製の名札を安全ピンで練習用ジャージの胸に留めており、そこにはあだ名が書かれています。「○○先輩」と、「あだ名＋先輩」で呼ぶのがオレンジの悪魔たちの伝統でした。

ブラスエキスポのお土産はトマト？

あだ名が決まり、クラブジャージの採寸も終えた1年生は、入学式終了とともに、レギュラーメンバーとしてパレード練習を始めます。

4月中旬に音楽室の黒板に掲示されるパレード編成図には新入生の名前も入っていて、それはすなわち〝オレンジの悪魔の仲間入りを認められた〟ということ。1年生が喜び爆発となるのは無理もなく、5月には早くもパレード・デビューを果たすのです。

ゴールデンウィークが終わった次の日曜日、毎年の「母の日」に催される、関西吹奏楽連盟の新年度最初の行事かつ最大のイベントが「ブラスエキスポ」。ここで行われるパレードは、関西の春の風物詩となっています。

地球温暖化の影響なのでしょう。年を追うごとに夏の訪れが早くなっているため、5月の朝9時から夕方4時半頃までの屋外イベントとなれば、出場者、観客、そして引率する私たちも、思い切り日焼けしてしまいます。

「ブラスエキスポの後の吹奏楽部は、トマトみたいに真っ赤なので、すぐわかる」

職員室の笑いを誘うのも例年のことでした。運動部ならどの子も、もともと真っ黒ですが、屋内での活動が多い吹奏楽部で、ここまで日焼けすることはあまりありません。特に中学までほとんど室内で練習に励んできた1年生は、慣れない日差しを浴びてトマトと化すのでした。

過酷だからこそ人間関係が鍵を握る

ブラスエキスポの練習でも、上級生はまだ笑顔。新入生に対して、他校のようなお客様扱いこそしませんが、オレンジの悪魔にしては、まだ手加減しています。「上級生が笑顔」というだけで、橘としては十分なVIP待遇なのです。もっとも、厳しい言葉が飛ばないからといって、練習までが緩いわけではなく、できない箇所はできるまで徹底的に反復練習します。

2、3年生にとっては緩い、でも1年生にとっては驚くほど厳しい練習を経て迎えるブラスエキスポのパレードは、30分以上歩きっぱなし。私は「世界一体力がいるパレード」

と言っていますが、常に力一杯のステップや振り付けをするのですから、エネルギーの消費量はすさまじいものです。

ここまで何度も述べてきたとおり、音と動きの両立は難題で、〝マーチングビギナー〟にはとても無理な話。

「音は先輩に任せて、きみたちは動きだけを、できる限り先輩とずれないようにやりなさい。音を出していなくてもバレないが、動いていなければ隊形が崩れてしまう」

横山先生も私もそう指導しますが、最近の子は完璧にパレードに参加したがります。

「楽器もしっかり鳴らしながら歩きたいです！」という主張はなかなか頼もしいのですが、30分以上ノンストップのパレードは、上級生でもかなりしんどい。ただひたすら、「最後までパレードを歩き切りたい」という気持ちの強さが、1年生に体力の限界を超えさせているのでしょう。

パレードがゴールインしたら、各パートの3年生は一様に、自分のパートの1年生をほめ称えます。

「ようがんばったね！　楽しかった？」

あふれる笑顔のまま語りかけ、1年生は「はいっ。楽しかったです」と答えるのが定番ですが、なかにはまるで完走したマラソンランナーのように、その場にへたり込み、見にきていた家族に即刻連れて帰ってもらうような子もいます。

「ブラスエキスポ」はそれで終わりではありません。パレード終了直後から、「お祭り広場」でのプログラムがあり、年によっては2、3年生で、コンテスト本番さながらの本格的なフィールドドリルを披露することもあるのです。限界までパレードをした後、さらに渾身のドリル演奏をやってのける上級生たちの体力たるや、感心を通り越して恐ろしい、いや感動ものです。

こういったパレードを何回か経験し、1年生は一人前に育っていきます。

体力の限界まで挑戦するような、過酷なマーチング。教わるのも先輩からですし、本番も集団がそろってこそ強さを発揮できるのですから、チームの結び付きも重要であることが、おわかりいただけると思います。

意味のない上下関係がはびこっていないか？

私は「尊厳を守るための上下関係は必要だ」と考えていますが、意味のない「悪しき上下関係」もあります。

上級生と下級生のトラブルで今も忘れられないのは、私が橘に着任する直前の春休みのこと。

「僕は京都府選抜バンドのアメリカ遠征なんで、留守中はお願いしますよ」と平松先生に頼まれ、早々に部活指導をすることになった私が目にしたのは、衝撃的なシーンでした。

何かトラブルが起きたらしく、2年生が全員、直立不動で並ばされており、3年生が大声で叱っていました。女子高生とは思えぬ荒い言葉で、私は「えらいところに来てしまった……」と、オッサンにもかかわらず子犬のようにおびえたものです。

理由は他愛のないことで、学校の広報誌に掲載された修学旅行のスナップに部員が数名写っており、スカートを短くまくり上げていたといいます。砂浜で遊んでいる写真なので、濡れてしまうからまくったのでしょう。しかし部則では、スカートの巻き上げは厳禁。当時の部員たちにとっては大問題でした。

私がこんな事情を知ったのは後の話で、当時は「これが高校生の吐くせりふか?」と驚愕しながら、何もできずに準備室にこもっていました。叱られ、貧血を起こして倒れた2年生は、一人や二人ではなかったようです。

「みんな僕の娘だーっ!」と叫ぶ平松先生は、多忙なこともあり、細かいことには良くも悪くもまったく気づかない人です。しかし私には、いちいち小さなことに気がつく、生まれつきのセンサーがあります。

「これは、いざというときには僕がフォローに入らなあかん」と肝に銘じました。

昔の橘は、それほど上下関係がキツかった。たとえば1996年のアトランタオリンピック遠征では、飛行機で現地に到着したあたりまでは、1年生全員が元気にはしゃいでいました。

ところが、毎日何らかのイベントに出演するようになると、1年生はその準備や片付けのために、コマネズミのように動かねばなりません。さらに、動くたびに上級生からのダメ出しの嵐。

移動のバスは学年ごとに分かれていたのですが、1年生にとってはそれが唯一の救いでした。私は1年生のバスに同乗していましたが、本番が終わるごとにバスの座席に倒れ込み、死んだように眠りこける1年生を、終始無言で見守っていました。

ある日の本番の後はかなり怒られたらしく、1年生のバス内はパニック状態になってしまいました。私が連絡事項を話しているときもヒステリックに勝手なことを言い続け、誰もこちらを見ようとすらしない……。このときはさすがの私も怒鳴りつけ、橘へ来て初めて声を荒げました。さらに、同乗していた、後に保護者会会長となるHさんに「あんたら、ええかげんにしぃや！」と援護射撃をしてもらい、その場がやっと収まりました。

上下関係のトラブルはどんなチームにもある

本格的な「謀反」が起きた！

もともと上下関係がしっかりあるのに、上が頼りなくて下が優秀だと、何かとやりにくくなります。６年連続で全国大会出場を逃していたある年が、まさにそんな状態でした。

「あんな先輩たちと一緒に演奏はできません。私たちは共演を拒否します！」

音楽ならチャラリ～とオルガンのイントロが鳴り、バッハの「トッカータとフーガ」が流れたといったところ。下級生による謀反《むほん》が起きてしまいました。

私は弱弱指導を絶賛遂行中でしたから、関与しません。様子はわかっていましたが口出しせず、静観していました。くわしい事情を知ったのは後になってからですが、きっかけは些細なことでした。

かつて京都橘の吹奏楽部には、「遠征のとき、先輩より先にバスを降りてはいけない」というルールがありました。混雑を避けるためだったのかもしれませんが、サービスエリアでの休憩時間はわずか10分。トイレに行って戻ってくるにしても、ゆっくりしている時間はありません。

ところがそのときは、上級生が誰もバスを降りない。下級生はじりじりと5分ほど待ち、それでも先輩が誰も降りないので、勝手に降りてトイレに行った――それについて上級生が「後輩のくせに先に降りた。私たちをバカにしている」と文句をつけたのがきっかけだったようです。

「後輩のくせにこんな態度のあんたらと、一緒に本番はできひん。ほな、別れよか」と上級生が言い、下級生は下級生で「いいですよ。別れますよ。じゃあ、別々に活動しましょう」と突っぱねた……。

完全に売り言葉に買い言葉で、部は二つに分かれてしまいました。

その年の上級生はのんびりしていてやや子どもっぽく、例年と比べて、必死で練習するタイプではありませんでした。真面目な下級生は、「やるべきことはちゃんとやっているのに、トイレ休憩のようなくだらないことで煩わされた」という不満があったのでしょう。

「私は部長失格です……」

どこか舌足らずのしゃべり方に愛嬌のある部長のAさんが、音楽準備室にやってきて、泣きながら状況を訴えました。

「後輩らはストライキを起こして、私らとは別のところで練習してます。女子バンドフェスティバルの本番がもうすぐなのに、顔も合わしてません」

性格は飛び切りいいし、人望もあるけれど、少し弱いところがあるのです。謀反という緊急事態に動じたのか、二人の副部長もそれにつられてしおれていました。ドラムメジャーも手出しができず、膠着状態になってしまいました。

耳かきがショベルカーに変わるとき

私はそれでも、しばらく放置しておきました。内心「上級生は少し苦労したらええ。なかなか面白い！」と成り行きを楽しんでもいたのです。1週間ほどで、部のムードは最悪になりました。

上級生は意固地になり、下級生は振り上げた拳を下ろすにも下ろせず、お互いがソワソワしだした頃合いで、私は下級生全員を呼んで話をしました。

床にぐるっと座らせて、私も同じように体育座りをし、まずこう言いました。

「おまえら、すごいやん。いらないルールがぎょうさんあるのは、俺もよう知っとるわ。今までの子らがなんとか崩そうと、耳かきで一生懸命こすってたんを、お前らはいきなりショベルカーでぶっ壊したな。ようやった！」

私がほめたことは、〝謀反人〟である下級生にとっては予想外だったようです。

「せやけど、女子バンはどうすんねん。橘高校として、穴あけんのか」

バンドは音の厚みも大切ですから、人数が多ければ多いほど良い演奏ができます。下級生が抜けたら、コンテに穴があき、出場しても演技・演奏が成立しません。それは全員が理解していることだったので、そこで手打ちとなりました。

こうして、最終的には女子バンドフェスティバルには全学年がそろって出場しましたが、わだかまりが完全に消えたわけではなかったのでしょう。

当時の下級生が、「今年はとりあえず折れて、自分たちが上級生になるのを待とう」と言い合ったのか、それとも「ようやった！」と私がほめたことでちょっと気分が落ち着いたのか、正確なところはわかりません。

ただはっきりと言えるのは、意地や感情よりも本番を優先するだけの良識を、オレンジの悪魔たち全員がしっかり持っていたということです。

弱弱指導に介入する際の三つのポイント

「バス遠征の際、先輩が降りるまで、後輩は降りてはいけない」

「音楽準備室の冷蔵庫を使えるのは3年生だけ。カップラーメンなど、お湯を使っていいのも3年生だけ」

こんな、どうでもいいような細かなルールがたくさんありました。私の必需品であるペットボトルの麦茶を冷やそうと冷蔵庫を開けても、「ゼリーやらプリンやらぎゅうぎゅうで、入れる隙間もあれへん」というありさまです。

謀反事件の際、下級生の言い分を遅くまで聞いただけで終わっては、部員の自治である弱弱指導にあえて介入した私に徒労感が残ります。そこで、「どうせなら、もっと攻め込んだろ」と、翌日は上級生を呼びました。京都橘に着任したとき、下級生に怒鳴り声を浴びせる上級生におびえていた〝子犬のようなオッサン〟から〝少ししたたかな悪魔使い〟

へと、私も変貌を遂げていました。

「練習がキツくて、腹が減るのは何年生だろうと一緒や。どうせなら冷たいプリン、熱いカップヌードルがええ言うのん、学年は関係ないやろ。それを最上級生だけができるというのは、俺はおかしいと思うわ。でもそれは俺の意見やし、きみらはどう思う？」

私は「こうしなさい」とは言いませんでした。それを言ったら弱弱指導ではなくなってしまいますし、私なりのルールは決まっています。

「俺はこういうふうに思う。では、きみらはどう思う？」

これだけ言って、自分で考えさせて、自分で決めさせるのです。

「何やっとんじゃ。冷蔵庫くらい仲良く使え！　そして俺の麦茶も入れさせろ！」とちゃぶ台返しをしてもいいのですが、そんなことをしたら、部員たちは表面的に従っても腹では納得しません。

〝教える〟というスタンスで言うことを聞かせることよりも大切なのは、自分で正解にたどり着き、しっかり納得させることです。

❶ 意見は言うが、押し付けない

❷ 自分の意見を考えさせる
❸ 無理に従わせずに、納得させる

このやり方は手間がかかりますが、根本的な問題解決には役立ちます。そして自分たちで自治をさせる弱弱指導を目指すなら、リーダーに焦りは厳禁です。「教えたい！」という気持ちをぐっと抑えるのです。

自律が最良の規律

この事件は最終的に、生徒たち自身によって解決されました。謀反を起こした下級生たちが、1年後に見事な改革をやってのけたのです！

彼女らは最高学年になった年に、「そもそも生徒が冷蔵庫やらお湯やらを使うのがNGなのに、上級生だけが使用するのはおかしい」と指摘しました。自分たちが上級生になり、「いよいよ冷蔵庫を使えるぞ！」という年に、です。

そう、私の麦茶が追いやられていたのは、吹奏楽部の上級生が治外法権的に、お湯や冷蔵庫の設備がある音楽準備室を利用していたからなのでした。

「何年生だろうと、生徒は全員、音楽準備室を一切利用しない」

「部活中に間食はしない」

どれも当然のことなのですが、守られていなかった。しかし、そこを正したのは、顧問ではなく部員たちでした。

上からの注意に従ったのではなく、自律した。だからこそ、揺るぎない規律となりました。このけじめは代々しっかりと守られ、顧問はその後ずっと、キーンと冷えた麦茶を飲めるようになったのでした。

トラブルは大改革のチャンス

チームの質は「中間層」が決める

総務など「ハブ」に全体を見させる弱弱指導は、定期的なメンテナンスでなんとかなります。また、経験を積んだ3年生が何も知らない1年生を教えるという弱弱指導は、ごく自然なものであり、放っておいてもうまくいきます。

しかし、3年生と2年生はうまくいかないことが多いもの。隣り合った学年というのはライバルになりやすいうえに、力がついてきた人間は、ちょっと上の人間に反発するものと相場が決まっています。2年生が勝手に3年生になびくことは100パーセントなく、敵対心しか持っていないと言ってもいいくらいです。それが、その後も何度か〝謀反〟が起きた原因でしょう。

別の2年生が「先輩たちのやり方がなまぬるい！」と反旗を翻したある年、私はその敵対心を利用することにしました。

まずは2年生を全員集めて一緒に体育座りをし、私はゆっくりと話し始めました。

「2年生をどう過ごすかが、高校3年間でいちばん大事なんや。1年生はついていくだけで精一杯。慣れるのに必死になっているうちに、あっというまに1年が終わる。3年生はバンドの主役であり、彼らがその年のチームの色を決めて思いどおりにする。結果についての責任も負う。でもな、チームの質を決めるのはどちらでもない、間にはさまれた2年生やぞ」

たとえるなら、1年生は〝新入社員〟。夢中で教わるうちに過ぎていきます。問題は2年生で〝中堅社員〟あるいは〝中間管理職〟の悲哀のようなものがあります。力がついてきた下からは批判されるし、まだ上には従わなければならない。やるべきことは山ほどあり、真価が問われる立場です。

その中間の1年を、上の学年の批判ばかりしながら過ごすのか、はたまた上の学年には協力しつつ、その人たちの失敗からも学び、自分たちが責任学年になったときに備える1年間にするのかでは、かなりの差が出てきます。

「正しさ」よりも「チーム全体の目標」を大事に

こうした話を2年生にする際、私はもう一つ、大切なポイントを伝えることにしていました。

「先輩に対して、言いたいことがあるのはようわかる。でもな、今は『自分らの代になったときには』という炎を燃え上がらせながら、3年生に協力したらどうや。3年がやりやすいように100パーセント応援するのは、何のためやと思う?」

下は上に従うという、年功序列のルールを守れ——私がそう言っていると誤解する部員がいるといけないので、私はぐるりと一人ひとりの顔を眺めまわし、こう問いかけたうえで、話を続けました。

「それが結果につながるからとちゃうやろか。きみらが目指すのは何や？　京都橘に入って、コンテストに出て、結果を出したいんやろ？　見てくださる人に喜んでもらいたいんやろ？　そんなら、そのためにやるべきことは何や？　3年生と戦って、自分らが正しいと証明することが結果につながるとは、僕は思わへん。きみらが自分と見てくれる人のために演奏するのなら、先輩に勝つことなんて関係ないと思うで」

しかし私は、こうしろとは言いません。自分の意見を述べた後は、「あとは自分の頭で考えなさい」です。

これは弱弱指導のポイントの一つ、「目標設定の明確化」です。

感情に流されて「先輩と自分たち、どっちが正しいか証明する」ことが目標だと勘違いしてしまうと、トラブルは永遠に解決しません。同じチームなのですから、どんなに対立していてもチームとしては同じ目標を持っているのが当然であり、それを再確認するよう、促すのです。

違う学年だから対立する、違う部署だから対立する。仲間内で波風が立つのはよくある話かもしれませんが、それではあまりに近視眼的です。戦うべき相手は、常に〝チームの外〟にいます。

我ながら、これは悪くないやり方だったようです。

たとえば、2007年に「シング・シング・シング」で7年ぶりに全国大会に返り咲いたときの3年生は、「エンジョイ！　キャンパスライフ」というタイプで、のんびり、おっとりした104期生。その年に2年生だった105期生は辛口だったので、「先輩はなまぬるい」と内心思っていたようでした。しかし、目標設定を明確化したことで、「勝つことが目的だ」と思い定めて3年生に従いました。

おっとりしている3年生は、ファイトに欠けるぶん、ムードメーカーなので、人間関係がうまくいっていれば力を発揮します。「京都府代表」「関西代表」と勝ち進み、チーム全体が成功ムードになっていけば、おのずと雰囲気は改善されます。その結果、手にできたのが全国大会出場でした。

そして105期生は、自分たちが3年生になったときに、もっと大きな結果である全国大会金賞を手にしてみせました。図らずも私の「2年生が重要説」が証明されました。

間接的にほめることがメッセージになる

特に波風が立っていないときでも、私は2年生の前で機会があるごとに、3年生の個人をほめることにしていました。

「きみらにとっては目の上のたんこぶで、うっとうしいと思うてるかもしらんけど、あんなやつ、なかなかおらんぞ」

「あいつは切れ者やで。僕が20年も見てきた中で、あんなんは10年に一人の人物やぞ」

3年生がいないところで、このようにほめます。部長、副部長のような総務やドラムメジャーもほめますが、総務だけをほめるのではありません。「あいつの笑顔に救われるな」というように、部員の誰かに言及することもありました。

優秀でない子を、優秀だとほめることはありません。しかし〝優秀さ〟なんて、人を測る物差しの一つの目盛りにすぎないのですから、どんなに小さいことでも、いいと思えばしっかりほめます。また、全員をほめるのが正解ではなく、いいと思っていない部員については一言もほめなかったのは、嘘があってはいけないからです。

そうして学年全体についても、「今の3年生の練習熱心さはすごい」「センスがある学年なんやなあ。怠けぐせを上まわるひらめきがあるかもしれへんぞ」などと言葉にしていました。

これは、「こんないいところがある3年生を、リーダーである俺が信頼している。3年生はきみたちと同じく弱い人だけれど、ちょっと弱いだけですごいところもたくさんある。慕ってくれたら俺はありがたい」というメッセージなのです。

前例をぶっ壊せ！

放っておくとルールは増える

かつて女子校時代の京都橘吹奏楽部には「グラウンドへ練習しに行くときに、3年生は手ぶら、1年生が全部の楽器を運ぶ」というルールがありました。

奏者の人数が多く、楽器が比較的小さいフルートやクラリネットはまだいいのですが、部に数人しかおらず、ずっしりと重く大きなスーザフォンとなると大事です。たった一人の1年生が両肩と首にかけ、三つを曲芸のごとく運んでいることもありました。

しかし、その1年生が3年生になったときに、そのルールを廃止するなど、小さな改善は常に行われていました。嫌な経験をした子たちが上級生になったとき、そのルールを排除するという改善は進化だと思います。

そうは言っても、真面目な女性の集団というのは決まり事が好きです。それは女子高生であっても同じこと、むしろ、よりシビアかもしれません。次から次へと新たなルールをつくって守らせる、という悪しき伝統も一部にはびこっており、「下の学年で嫌な思いをしたから、上級生になったらルールをなくす」どころか、「もっと増やす」というケースもよく見られました。たとえばある時期、部員が準備室にいる私を訪ねてくる際に気づいたことがあります。

「コン、コン、コン」

必ず暗号みたいな3回ノックをした後、みんな「失礼します」と入室してくるのです。どういうことかと理由を聞けば、「手引書にノックは3回と書いてあります」という答え。手引書とは、どの係がどういう準備をするかというマニュアルなのですが、そこにいつしか「顧問を訪ねる際はノック3回」が書き加えられていたようです。

「変やから、そんなのやめなさい」と話して廃止しましたが、部則、手引書、ガイドブック、さらにそれ以外の不文律もあるようです。

- 靴下は「ビーソックス」以外は禁止
- 携帯電話は禁止

ビーソックスという編み方のソックスを含め、校則では普通の白い靴下なら何でもよいとされていますし、携帯電話も「学校内では電源オフにする」という条件で許可されていました。練習で帰宅が遅くなったとき、保護者に迎えを頼むために携帯電話は必需品です。オレンジの悪魔が有名になるにつれ、ストーカーじみたファンも出てきたので、防犯対策でもあります。それを部の規律という建前で、なぜか禁じているようでした。

● 目が合うまで先輩に挨拶をしてはいけない
● 先輩がスリッパを履くまで挨拶をしてはいけない

窓越しの挨拶は禁止、食堂で食べているときもあかん、階段の上の段にいるときは先輩を見下ろすことになるので挨拶禁止——ここまでくると、ほとんど冗談のようです。

ルールをなくすルールをつくる

ある年の2年生は最上級生になるにあたって、「部則や手引書をもっとシンプルに変えたい。校則さえちゃんと守り、練習に集中すれば、それでいい」と言い出しました。

新たに部長、副部長、そしてドラムメジャーになる新役員たちは、引退する3年生役員と引き継ぎを行いながら、ルールの改革も行ったのです。

「これはいる、いらない」と、お弁当を食べながら2カ月かけてルールを精査したらしく、私に報告にきたので「ほな、やってみたら」と任せました。

しかし「これからは校則違反でない限り、どんな靴下を履いてもいい」と新役員たちが発表したところ、一人の下級生が「普通の靴下にしたら、全国大会に行けなくなります！」と泣き出し、つられて「そうや、靴下はビーソックスでないとあかんねん」と泣く子が続出したといいます。念のためにお断りしておくと、オレンジの悪魔のユニフォームである黒いハイソックスではなく、登下校時に履くスクールソックスですから、明らかに関係ないのですが……。それは大人の私の理屈で、10代の女性が集まればそんなこともあります。また、集団というのはいつのまにか狭い世界のルールに縛られてしまうのです。

幸い、タフな新役員たちはそのくらいの反応は想定内だったらしく、笑いながら一人ずつに対応し、うまくおさめたようです。

しかし、そのうちまたポコポコと新しいルールが生まれ、もぐらたたきゲームのようになりました。2000年に共学になり、男子部員が入ってくると、「部内恋愛禁止」というルールが付け加えられたのは言うまでもありません。

奇妙な掟《おきて》は雑草と同じで、なくしてもなくしても自然に増えます。そこで私は、2、3年に1回、全員を集めて、「いらないと思うルール」を書き出させることにしました。手引書に書いていない言い伝え、不文律を特に知りたかったのでやってみたのですが、ナンバリングしたら200もありました。

それを数時間かけて話し合って精査させ、スリム化するように促します。やがて総務とドラムメジャーが自発的にルールの見直しを行うようになりましたが、23年かけても雑草のようにいらない掟は生え続けていました。

「私たちもやってきました」は禁句

いらないルールだということを指摘すれば、部員もわかります。特にハブである役員は良識のある子たちですから、私が言う前に気づいています。

「私たちも妙なルールだとは思ってたんですけど、伝統と慣習を私たちの代でコロッと変えてしまうことができませんでした。卒業した先輩からとがめられそうだし、後輩からは反感を買いそうだし……。でも、おかしなルールは変えるべきだと思います」

生徒のほうからこう言ってきたなら、私は「応援するから、全員を納得させるやり方を自分たちで考えなさい」と促します。

下級生はルールが緩くなるのは大歓迎ですから、気にする必要はない。問題は役員たちと同じ学年である3年生を納得させることで、全員が同じ考えでいるわけもありません。ルールが好きな子もいれば、自由がいいという子もいる。政治の世界の保守派と改革派の綱引きみたいなものです。

「私らは入部してずっと厳しいルールを守ってきた。それなのに1、2年生をそんな甘い態度で引っ張っていけるんやろうか？　そんなのぬるいんとちゃう？」

これはどの代でも起きたことで、21世紀生まれだろうとなんだろうと、人間は「昔ながらの決まり」が好きらしいのです。

私は総務を呼んで、一つのスローガンの下に説得するようアドバイスしました。

それは、「私たちもやってきました」という言葉は禁句にしよう、というスローガン。

「自分らがやってきたからといって、それが正しいわけではない。ずっとやらされてきたことでも世間的に駄目なものはあり、そんな風習を残しとったらあかん。きみらの代でなくすんや」

改革者は大概、嫌われるものです。卒業生からは「下を押さえられない根性なし」と責められ、同級生には「下級生の顔色をうかがう人気取り」と言われ、下級生には「靴下を変えたら優勝できない」と意味不明のジンクスで泣かれ、四面楚歌です。しかし、ここをがんばってもらってこそ、弱弱指導が機能します。

「いいか。『私たちもやってきました』を振りかざす奴らはたくさんおるだろうけど、前例主義なんぞ程度の低いアホじゃや。そこをひっくり返すのが総務や。完全に『私たちもやってきました』を消したら、校門の所にきみらの銅像を建てたってもええぐらいや。うまいこといかなくてあかんかったら、でっかい前方後円墳をつくって祀《まつ》ったるわ！」

京都橘高校は、京都といってもＪＲ奈良線沿線にあるので、飛鳥の先達に敬意を払っての冗談です。

結局、私が退職するまでに銅像は一つも建っておらず、高松塚古墳に連なる新たな前方後円墳もありませんが、歴代のどの役員も奮闘しました。

「嫌われても正しいことをする者は、ヒーローでありヒロインである」

この意識をハブに教え、ハブがそれを全体に伝え、生徒全体に意識を浸透させていく。

それが私の改革方法でした。

直接指導をする「例外」の3タイプとは？

強豪校ならではの部員間の激しい競争

京都橘は吹奏楽の伝統校、強豪校ですから、レギュラーとして大会に出られるか、ソロは誰が吹くのか、楽器のリーダーに誰がなるのか、部内にも競争がありました。

「全国に絶対、出たい！」という気持ちはみんな同じで、全員がまとまらなければそれはかなわないのに、部員の中でも出られる子と出られない子がいる。これはとても厳しいことです。

コンクール（座奏）のオーディションは私が行い、マーチングのオーデションはパートリーダーが推薦者名簿を提出し、私が認証するという仕組みでした。

たとえば、3年生のトランペットが二人だけなら、

「今回の演奏会は私がソロで、次のイベントはあなたがソロ」

という具合に、交代で吹けるでしょう。しかし、人数が多い学年だと「1学年に7人トランペットがいる」となり、誰をソロにするかは絶対にもめます。

そこで、人数が特に多かった111期生の役員たちは、「すべて実力を基準に考えよう」と取り決めました。つまり、私がオーディションを行う吹奏楽コンクール以外のイベントも、部員同士でオーディションを行ったのです。

一緒に練習する仲間と、「ちょっとでも気を抜いたらあの子に負ける」というピリピリした緊張感を持ち合うのですから、ストレスは相当だったと思います。公平になるよう部員全員が目を伏せて聴いて、誰が良かったかを挙手で決める。しかし、いつも一緒に吹いているのですから、目を閉じていても気配でわかります。そのため、「公平なオーディションになってないやん！」と納得しない部員もいたようです。

こうしたことを背景にして起きるトラブルに、弱弱指導の私が例外的に腰を上げることもありました。

私が直接声をかける例外は3タイプあり、タイプ①はトラブルの中心になる子。そしてタイプ②は、天狗になってしまう飛び抜けてうまい子。そしてタイプ③は、退部希望の部員でした。

トラブルを取り除くのは、生徒を排除することではない

トラブルの中心になる子は、多くの場合、チームの同調圧力の中心人物でした。先に挙げた「ずっとこうだった」という無言の同調圧力などは、最たる例です。そうした生徒が障害となって、改革しようとする役員が手を焼くケースもありました。

「○○さんですが、技術も高いし強い子なんで、私たちは説得する自信がありません」という場合は、「そんなやったら、ここは先生に任しとけ。先生が呼んで話をする」と引き取ります。部員同士ではかなり強硬なことを言うトラブルメーカーでも、教師相手には偉そうに言いません。

「あなたが納得するまで話をしよう」と声をかけます。そして私がその生徒とじっくり向き合うと、だんだん心を開いて会話ができるようになります。部全体の問題を取り除く手術というのは、強硬な部員を排除することではなく、強硬な部員の中にある〝思い込み〟をていねいに取り除く作業です。

うまい子を図に乗らせたくない本当の理由

誰もが文句なしに認めるうまい子もいます。アニメや映画であれば、けたはずれにうまい子が天狗になって、周りを見下すようなシーンが必ず出てきます。

しかし、才能がある子は現実には謙虚です。それは吹奏楽がチームで行うものだからでしょう。集団の中で浮いてしまっては力が発揮できないことを、才能がある子ほど察知できるのです。

もちろん、勘違いしてしまう子もいます。そういう部員がいると、私は早いうちに天狗の鼻をポキリと折り、図に乗らせないようにしていました。

「俺はオーケストラのプロもたくさん見てきてるけど、お前みたいなのは箸にも棒にもかからんぞ。ええ気になるんちゃうぞ」

一対一のときに限ってですが、ここまで厳しく言うのは、天狗がチームに悪影響を及ぼすから、ではありません。天狗がうぬぼれて威張り出すことで、周りからキツくあたられ、せっかくの才能がチームの中で潰れてしまうのを防ぎたいためです。集団から浮いて、本来持っているせっかくの才能が発揮できなくなるのが、本人にとってもチームにとっても、いちばんもったいない！

男子部員が入ってからは、満座の席で鼻を折ったこともありました。うまい男子が天狗になると、同じパートの女子を一方的に従わせたりするので、気をつけねばなりません。

不思議なことに、このようにガツンと言っても、私は逆恨みされたことはありませんでした。きつく言う一方で「私がいちばんきみを知っている。きみの才能は認めている」と、ずっと以前に本人に伝えているからです。この信頼関係があるかないかで、大きく変わってきます。

退部者を恨まぬよう、退部者に恨まれぬように

どれだけ気遣い、ていねいなクラブ運営をしていても、必ず発生するのが退部者というもので、ある程度人数がいればやむをえないことです。

しかも私の運営は、「教えない。総務以外の部員には極力、直接話しかけない」というかなり変わったものなので、ほとんどの部員は「先生は私の名前すら知らないはずだ」と思っています。ましてや退部を申し出るような部員は、ほとんどの場合、自己肯定感のかけらもなくなっていますから、「自分が辞めても気がつかないのでは」くらいに思い詰め

ているケースもあります。

しかし私は、全員の名前を覚えていましたし、個別のエピソードもたくさん把握していました。

「きみは○○中学の吹奏楽部出身やったな。入学前に顧問の先生と見学に来てくれたな」

「定期演奏会のとき、お母さんに来てもろて、あのときの情景、覚えてるか」

「先輩にこういう目に遭わされて、あのとき、つらかったやろな」

「あの大会のオーディション、通ってよかったやん。認められたな、きみも」

こうしたエピソードを本人の前でどれだけ話せるかが、退部の歯止めになるかどうかの鍵を握っています。

「先生は自分の名前すら覚えていないだろう」と思っていた顧問から、自分のことを知り尽くしているかのような言葉を投げ掛けられれば、相当な確率で思いとどまってくれるものです。

こうした工夫をしていたのは、技術的な問題で退部を考え始めた部員を、技術が向上するような指導をして引き留めるのは難しいからです。

残酷な話ですが、いくら努力しても伸びない人もいるのが音楽の世界。スポーツでも絵画でも、同じかもしれません。

しかし、全員がドラムメジャーやソロパートを目指す必要はなく、〝たかが高校の部活動〟です。技術がすべてではありません。だから私は、その部員が「音大を受ける、プロ志望だ」ということでない限り、技術に焦点を当てないと決めていました。

3年間、毎年コンクールのオーディションに落ち続け、万年B組、いわば補欠のまま卒業する子もいます。そういう子が2年生くらいで「辞めたい」と言い出したときには、チームの一員として話します。

「僕はきみみたいに目立てへん子を主に見てるんやで。大事な教え子が一人欠けても、吹奏楽部はダメになるねん。少なくとも僕は、きみのいない部は考えられへん。きみ自身は私なんてと思っていても、きみが体調崩して休んでいるときと、ちゃんと練習で声出してるときとでは、チームの雰囲気が全然ちゃう。僕かて『おっ、あいつがんばっとるな』と見ていてうれしかったんやで。そんな子に辞めるなんて言われたら、俺が困るんや」

100パーセントではありませんが、こうした声がけは効果がありました。私は吹奏楽の指導者を長年務めてきましたが、京都橘ほど大きな部活になると、音楽を指導する力よりも人心掌握、マネジメントが主な仕事になります。

どうしても説得できなかった子には、「今日まで本当によくがんばってクラブを続けたな。それだけでもこれからの人生にプラスになるし、誇りに思っていいと思う」と伝えます。こうすれば、たとえ退部に至っても、費やした日々を悔やむことなく去っていけます。

観察と公平さを徹底する

伝える機会が少ない指導者

通常の部活動の指導者であれば、練習を通してさまざまなことを伝える機会があると思います。しかし、京都橘における私は、いささか特殊な指導者でした。それは、「伝える機会」が圧倒的に少なかったということです。

すでに書いたとおり、吹奏楽部が出場するコンクールやコンテストには「座奏」と「マーチング」があり、両方で全国出場をしているバンドは、多くが部内を「座奏組」と「マーチング組」に振り分けたり、「2年まではマーチング、3年になったら座奏」と段階を踏んだりできる、150人規模の部員を擁する学校です。

京都橘のように100人前後のバンドの場合、座奏もマーチングも同じメンバーで臨まなければならず、どちらかの練習に集中すれば、比重が少ないほうではなかなか勝てなくなります。そして、京都橘が重点的に取り組んでいたのはマーチングでした。

もともと私の専門はオーケストラですから、座奏のほうに重点が置かれていればじっくり指導することもできたのでしょうが、そうもいかなかったのです。

何しろ、マーチングのイベントが一段落するのは6月下旬で、座奏の練習を始めるのは、期末テストが終わって夏休みになってから。つまり、8月1週目に行われる京都府吹奏楽コンクールに向けての練習期間は、わずか2週間しかありません。

他校がコンクールに向けて半年かけてやる練習を、橘は2週間！　それでも吹奏楽の伝統校ですから、府大会でそれなりの成績を残すのは「マスト」です。いくら生徒たちが優秀でがんばっても、無駄な時間は一切ない状況でした。

2週間で成果を出すスピード指導法

そこで私はパートごとに、①主旋律、②副旋律、③対旋律、④第二対旋律、⑤リズム刻み、⑥和音伸ばし、⑦ベースラインという曲の要素を、ラインマーカーで七つに色分けした特製の楽譜をつくりました。

これも弱弱指導で、その楽譜をパートリーダーに渡して、部員それぞれのパートごとに、自分の楽譜に色を塗っていくように促します。そうすると「ここはピンクの主旋律やな。うちらの楽器の大事なところや」と、全体の構成が理解できるのです。

そして、「今日はここの部分の黄色と水色をそろえよう」という具合に、パートリーダーの指導の下でポイントを定めて反復練習していけば、全体がピタリとそろいます。そのように設計した特別な楽譜をあらかじめつくる――自分で言うのもなんですが、これはなかなか難易度の高い仕事です。さらに全体演奏を録音し、「ここの部分が合っていない」といったポイントを抽出するために、徹夜することもしばしばでした。

２００８年、京都府選抜バンドの指揮者を務めた際にこの楽譜を作成したところ、「こんな無駄のない練習法があるんですか！」と連盟役員の先生方に驚かれたり、合奏の指導法を聞かれたりしましたが、私にとっては苦肉の策でした。わずか2週間で、しかも教師としてほかの業務もこなしながら遠隔指導するには、これしかなかったのです。

それでも、京都府吹奏楽コンクールでは金賞19回、関西大会出場5回。運動部にたとえて言うなら「府のベスト8を維持し、たまに準決勝進出」というのが京都橘の座奏だったのですから、成果に直結した策ではありました。

「もっと練習できていれば、全国大会のステージでこの子らの指揮ができたなあ」という思いがなかったと言えば嘘になりますが、「チームの目標」がマーチングである以上、私にできたのは「2週間で成果を出すスピード指導法」を編み出すこと。そして、接する時間が短くても、部員たちを知る工夫――すなわち「観察」をすることでした。

弱弱指導で何よりも大切なのは「観察」

音楽指導者としてじかに接するのはわずか2週間。それもしばしば遠隔操作。

普段は準備室に一人こもり、マーチング指導に関しては横山先生に任せ、部のミーティング、音楽指導でも必要なこと以外は言わない。総務やドラムメジャーに対しても雑談は楽しみますが、「自分たちでやってみ」と課題を投げ、できる限り口出しはしない。「方向性が違っているでしょうか」と相談してきたら、「それは違う」と必要な指摘をする。「これで合ってますかね?」と相談しにきたら、「お前らのやっていることは間違ってない」と自信をつけさせる——。

そんなふうに部員たちと距離を置いていた私なのに、人心掌握術を駆使できるほど部員一人ひとりにまつわるエピソードを知っていたのは、真剣に「観察」をしていたからにほかなりません。弱弱指導の知らん顔作戦は、見守りを超えた観察があってこそ成り立っていたのです。

個々の部員について細かな情報を得るルートは主に総務からでしたが、彼女たちの主観が混じる以上、正しい情報とは言い切れないものです。

必要最低限のコミュニケーション（返事、挨拶、用事を伝える）しかとらないのであれば、自分の目で生徒を見てまわるしかない。そのため、私は秘密警察よろしく、部員の何気ない会話も聞き逃さないようにしていました。それを取捨選択（ほとんどが「捨」ですが）し、インプットします。その結果、多くの部員から「先生は私たちのことをすべてお見通し」と言われたのですから、よくがんばったのではないでしょうか。

「どっかに絶対、監視カメラがついてると思うわ。準備室のパソコンでモニタリングしてるんとちゃう?」

そんな噂もあったようです。

観察で得た情報をどう活かすのか?

観察は大切ですが、もっと大切なのは観察によって得た情報の使い方です。

すでに述べたとおり、フレンドリーに接したら「先生はあの子にだけ声をかけて、私は無視する」という嫉妬が女子の間に生まれるのがほとんどの部活ですから、ほめ方には注意しました。よく観察し、部員一人ひとりに「きみはここをがんばっている」と声がけすれば好かれますが、総務だけならまだしも、全員に同じように接するのは不可能です。

生徒は常に「自分を見ていてほしい、わかってほしい」と願っていますが、その伝え方を工夫しなければ「えこひいき」、あるいは「セクハラ」という誤解を招きます。

そこで私は、面と向かってほめることを一切やめました。先ほど書いたように、下級生全員に向かって「3年生のあいつはなかなかたいしたもんやぞ」と裏では言いますが、個人を直接ほめるのは、3年生が引退するときになってようやくです。

「きみががんばってくれたから、ここまで来れたんや。ようやった。3年間、ほんまにお疲れやったな」

最後に一人ひとりに合わせた言葉をかけて、みんなに号泣してもらう——それまで、機密情報は大事に胸の中に保管しておきました。

ほめ言葉でなく、理解の言葉をかける

3年生の引退というスペシャルな場を除けば、観察で得た情報の使い道は、個人ではなく集団に、それもほめ言葉ではなくねぎらいの言葉をかけることでした。

新1年生の笑顔が消えるのは、6月の「3000人の吹奏楽」が近づく頃。お客様扱いが終わって練習がかなりきつくなってくるので、1年生からも上級生からも完全に笑顔が消えます。ここをしっかり乗り越えないと、自然にこみ上げる本番の笑顔は生まれてこないのです。

1年生は特に、憧れの橘の想像を絶する厳しさに、「逃げて帰りたい。もうこんなしんどいの、嫌や」とパニック状態になることがあります。そんなとき私は、1年生だけを別室に集めていました。めったに顔を出さない最高責任者に集められた1年生は、緊張

のあまり青ざめた顔で直立不動。できていない状態をわかっているので、「いよいよ叱られる」とおびえています。

そこで私が1年生に言うことは、だいたい決まっていました。

「どうや。しんどいやろ。きみらがしんどい思いをしてるのは、俺もようわかっとる」

ここでみんなブワーッと泣き出します。

「まあ、まあ、ちょっとみんなこっち来い」と言って、やはり床に体育座り。車座になって静かに話します。

「ええか、きみらは自分がものすごくしんどいと思うてるけど、いまいちばんしんどいのは誰かわかるか？　いちばんしんどいのは3年生やぞ。何にもできひん1年生を抱えて、本番は6月24日。自分らの代で大恥かいたらどうするねんとビビリ倒してんねんぞ。厳しいことばかり言うて怒鳴り散らしとるけど、3年生が死ぬほどきついことを、きみらはわかってやらなあかんぞ」

ここまで言うと、1年生は初めてチーム全体を見るという視点に気づきます。嗚咽《おえつ》は続いていますが、青ざめた顔にだいぶ血色が戻ってきます。

「じゃあ、3年生がいちばんしんどいということは、理解してくれたな？」と促せば、

「はい！」と大きな声で返事があります。

「そんな大きい声で返事せんでええ。いまはお前らしかおれへんねんから、大声出さなくても怒られへんで。無理に声、出さんとき」

ここでまた1年生は「この先生は味方や」と感じてくれるようです。そこまで落ち着かせた後、「しんどさを変えるために、どう考えていったらええと思う?」と尋ね、一人ひとりに発言させます。

「僕もどう考えたらいいかの案はあるけどな。それを言えるやつがおったら、秋には10年に一人ぐらいしか出んぐらいの、有能なサブドラになれるわ」

ここまで来ると、相当に落ち着きます。

「きみらは自分のしんどさだけを見てるから、しんどいねん。でも、自分がいちばんつらいと思ってるときこそ、隣りのやつと手を組め。そいつも自分がいちばんつらいと思ってるんや。しんどいときは、しんどい奴と一つになれ。しんどいほかの奴を助けて、仲間とスクラムを組め。そうやってみんながつながったときに、しんどさから抜けられるはずやと、俺やったら思うなあ」

このあたりに来れば「しんどさの共有」ができて、学年でまとまってきます。「そうや、うちら1年でがんばらんと!」と顔は高揚して赤くなり、ドラムメジャーを目指す子は「うちがいちばん、がんばらなあかん」とひときわ赤い顔になります。

やっぱりこの頃の1年生は、オレンジの悪魔未満。何かにつけて〝トマト〟になるようです。

ポイントは「ハブ」との共有

これで1年生はまとまり、私との絆らしきものができますが、これだけでは弱弱指導のポイントをお伝えしたことにはなりません。

熱血リーダーのただの感動メッセージに終わらせない秘訣は、この1年生との対話を、ハブになってくれている3年生の総務やドラムメジャーといった役員たちと共有することです。

年間スケジュールが決まっているので、1年生がへばってくる時期はだいたいわかります。そこで笑顔が消えてきた頃合いで総務を呼んで、「ちょいちょいちょい。あの話、そろそろタイムリーかな」とあえて相談します。

「あの話」と言っただけで通じるのがすごいところで、「おまえら、しんどいやろ」と始める(1年生が号泣する)〝あの話〟だと、総務たちは理解しています。

「もうそろそろ時期やないかなと俺は思うねんけど、今日あたり、どうかな?」ともちかけると、部長によっては「先生、今日はステップの練習を仕上げておきたいってドラムメジャーが言うてます。明日にしてもらえませんか？」と冷静に返してきます。「あかん。明日は俺、会議があるわ」と一緒にスケジュール調整をすれば、ハブになっている総務たちは、『『私たちが』先生を使って、1年の指導をしている」と主体的にとらえてくれます。

この総務たちの自覚がセットになってこそ、弱弱指導。私は「総務に操られて感動話をするおもろいおっちゃん」と思ってもらえれば、それでいいのです。

集団vs集団の対立で「議論の場」をつくる

京都橘では、カリスマタイプで全部を自分が仕切るような子が総務になっても、ほかの部員がひっそり息を潜めるようなことはありませんでした。どの部員も同学年同士ではちゃんと意見を言い、総務はそれを聞いていた——それはたぶん、集団対集団で議論していたためでしょう。

たとえば3年生全員対2年生全員。いわばチーム戦です。こういう場合は学年で団結して戦いますから、2年生は「先輩に言いたいことをこの機会に言わなあかん。○○ちゃん、あんたどう?」と、リーダー役のサブドラがおとなしい子までけしかけて発言させます。3年は3年で、総務に促されて全員何かしら言います。

これは先輩・後輩の上下関係はあっても、同じ学年の中では全員がフラットな関係だったからでしょう。一見、仲が良さそうに見える同学年でもヒエラルキーがあるのが普通なのに、そこが本当に対等なのが橘の伝統でした。

学年の中で目立たないおとなしい子が、ものすごくとんがっている子に対して平気で意見を言える。スネ夫がジャイアンに文句をつけ、のび太が思い切り自己主張する——それがオレンジの悪魔たちの、同じ学年内の人間関係でした。

また、集団と集団のチーム戦なら、いわゆる個人攻撃が起きずにすみます。

「先輩一人だけで後輩たちの指導はしない。指導は必ず複数の先輩であたる」

「複数の先輩で一人の後輩を指導しない」

部員たちに、こんな細かいルールがあったおかげです。私からすると「どんだけ細かいんや」とあきれる部則には、ちゃんと意味もあったのです。

仲良しではなく、同志をつくる

解決力の有無で集団の質が決まる

「歴代の部長の中でも飛び切り優秀やった」と私が感じる元総務のTさんが、卒業後、こんな話をしてくれました。

「1、2年生のときは自分のことしか考えていなくて、友達よりもうまくなりたいし、でも合わせることは大事やから合わせたいと練習をしてました。でも部長になってからは、しんどくて練習についてこられない子、逆に熱量が高くて練習をバリバリ進めたい子、いろんな人がいることに気がつきました。自分は中立になって、うまいことバランスを取っていかなあかんと気にしはじめたのが、総務になっていちばん変わったところやったと思います」

人の立場を理解してこそ、ユニゾンは美しく響きます。どの音が大きくてもバンドは成立しない。誰のステップが乱れても、マーチングは完成しない。

この賢い元総務が「バランス」について話してくれたとき、「ああ、伝わってる」と私もうれしくなりました。

ドラムメジャーと総務のキャラクターが違ったり、総務の中でも部長と副部長のキャラが違ったり、一枚岩でないからこそ、面白いバランスが生まれます。


弱弱指導の担い手だったTさんが教えてくれたのは、リーダーたちのタイプが違ったほうが、バランスが取れてよかったという話です。

たとえば、マーチングのリーダーであるドラムメジャーがアクセルタイプで、「バリバリやりたい。1分も無駄にせんと、ぎゅうぎゅうに詰め込んで練習したい！」とぐいぐい前に進めていくとしたら、部のリーダーである部長が同じアクセルタイプだと、暴走特急になってしまいます。結果として、部員たちが連結されている貨物車が置いていかれてしまい、うまくいかない……。

だからこそ、アクセルタイプのドラムメジャーがいるなら、部長はブレーキタイプがいいというのが、元総務の分析でした。「部活がしんどいとか言う子の話もよう聞いたほうがいいし、ある程度は休みながらやらなあかんのちゃうか」とブレーキをかける人もいたほうが、列車は安全に運行できます。

さらに総務の中でも、二人の副部長のタイプは違っていたほうがいいとも聞きました。一人が同学年からいろんな話を聞いて建設的な意見を吸い上げてくれる子であるなら、もう一人は細かいところにすごく気がつき、後輩のしんどさをフォローしたり、部長の悩みを聞いてあげたりする子だと、うまくいくようです。


つまり、大切なのはバランスで、全員が同じにならなくてもいい。同じにすべきなのはそろってステップを踏む部分だけで、楽器はみんな違います。一人ひとりが違う音を奏でているのと同じように、みんな違っていていいのです。

こう考えると、部員同士が大声で怒鳴り合いをしていることを知っていながら、放っておいた私の判断は、間違いではなさそうです。

「両方が正しいことを言ってもめてるんやから、もめたいだけもめればいい」と、得意の知らん顔で見ないふりを続けました。チームがバランスを取るために、全員が仲良くできれば理想でしょう。しかしそれはあくまで理想で、仲良くしなくてもいいとすら考えていました。

「波風を立てず、もめ事がないのがいい集団やない。もめ事が起きたときに解決できる力のある集団かどうかで、集団の質が決まるんや」

これは私の持論ですが、私独自のものではありません。学校教師であれば誰でも「集団の質はもめ事を解決できるかどうかで決まる」と教わるものです。それだけ普遍性のある教えだということでしょう。それならば、いろいろなリーダーの参考にもなるのではないでしょうか。

もめてこそ本当の関係が育つ

初夏になり、オレンジの悪魔の洗礼を受けてくじけそうになる1年生を集めたときには、こんなことも言っていました。

「きみらなあ、先輩らをよう見とけよ。後輩に厳しいだけじゃなく、同期でも対立する。対立どころか喧嘩もする。みんな言いたいことは腹の底まで全部さらけ出して、怒鳴り合いをしてるやろ？　でもな、あれがええんや。本当の友達っちゅうのは、趣味が合うとか、推しが同じとか、性格が一致するからみたいな、そういうみみっちいことで決まるもんやないぞ。本音でぶつかる毎日を重ねていけば、３年になる頃には、ホンマの友達になる。一生もんや」

これは私の持論であり、自分の体験でもあります。

「その人がピンチになったとき、自分はどんな目に遭おうとその子のことを助けてあげたいというのが本当の友達や。そんなもん、ぎょうさんはできひん。俺かて今まで生きてきた中で、4人おるだけや。でも、それができるのが、この3年間なんやで」

伝わっても伝わらなくてもいい。でも、最初のうちにこんこんと話しておけば、それは心の片隅に残ります。そして、絶対にもめ事が起きるであろう3年間のどこかで、思い出してくれることもあるでしょう。

「もめてええんや」と思えば腹をくくれますし、その集団は解決力が高くなります。そして実際に、もめていたのに固い友情で結ばれていく先輩たちを見ていれば「ああ、あんな関係があるんやな」とわかっていきます。それは自分たち自身の体験と重なり、「やっぱり友達ってこうなんや」とその子に染み込んでいくことでしょう。

好き嫌いよりも目的を優先する

腹の底までさらけ出しても、永遠に友達になれない人が誰にでもいます。全員に絆ができるなんてありえないことで、私は2、3年生にはこうも言いました。

「お子さまの〝仲良しごっこ〟はいらん。隣におる奴のことをぶん殴りたいと思うほど嫌いでも、演奏・演技をつくるという共通の目的があるんなら協力せい！　それが大人の人間関係や」

「全国のステージに立ちたい、優勝したい！」という強い野心を抱いた、能力もキャラクターも違う高校生たち。そんな子が100人も集まったら、きれいごとでは済まされません。たとえば、テレビ出演をきっかけに橘が有名になって入部志望者が殺到した111期生は「メガ学年」であり、人数が多すぎることで同学年の間でさえ、芸能人のような「共演NG」が出たりもしました。

111期生に限らず、人数が多い代では、死に物狂いで練習しても、メンバー全員がコンクールやコンテストに出場することはかないません。3年生になっても表に出る機会がないまま、後輩のサポートにまわる部員もいます。人間としては対等、でも実力は別。この残酷なまでの公平さが、オレンジの悪魔たちを成長させてくれます。

弱弱指導を標榜し、もめ事が起きても知らん顔を続ける私は、彼女たちが複雑な世界に出ていくために、あらゆる経験を存分にできる舞台を用意したい――それが自分の役割だと思っていました。そこでプロデュースに本格的に取り組んだのですが、それは次の章で記すことにしましょう。

友達でも仲間でもない〝オレンジの悪魔〟の絆

この本を書き始めたことで、執筆の参考にしようと何人かの元部員に連絡を取り、懐かしい元部長とも、ウェブ通話で再会しました。卒業後は教師として母校に戻り、私の助手として一緒にオレンジの悪魔の指導をしてくれたＩさんは、その後、音楽の勉強のためにフランスに渡り、結婚して今もあちらに住んでいます。

もうお母さんで、メイクも大人びた服装も違和感はないけれど、人懐っこい表情は高校生の頃のままです。私たちは昔話をあれこれしました。

「京都橘での3年間には一生、戻りたくはないし、もうあんなに足は上がらへんから、戻ることもできませんけれどね」

ちょっとふざけてから、Ｉさんはこんなことを教えてくれました。

「あの頃のことは、たぶん死ぬまで残っているものです。人生の中で、なくてはならないものだったと思います」

私もふざけて、「それぐらい練習がキツかったって話なんか？」と尋ねると、彼女は答えました。

「たしかに練習はキツかったけど、残ってるのは橘でできた友達ですよ。でも先生、変な話かもしれませんが、友達という言葉だとぴったりこないんです。家族や恋人でもない、仲間というのがふさわしいかもわからない。ただ、あの3年間にできた人間関係っていうのは、当てはまる言葉がないけれど宝物なんです。会えなくても、連絡を取らなくても、一生続いていくものだという自信があります」

真面目な顔で言い終えると、彼女は微笑みました。

やはりそれは、本音だからこそ自然にこみ上げる、橘スマイル。永遠に不滅の笑顔に、プロの悪魔使いの私でさえ、やられてしまいそうになりました。

第5章

ここでしか味わえない経験をさせる!

最高のプロデュースをするのはリーダーの仕事

橘でしかできない経験をさせたい

世界最高峰のマーチングイベント、ローズパレード

２０１８年１月21日。京都橘中学・高校の校内にあるフェスティバルホールで、「ローズパレード報告演奏会」が開催されました。

この年の元旦、オレンジの悪魔たちは、アメリカ・カリフォルニア州パサディナで行われたローズパレードに出演しました。言わずと知れたカレッジフットボールの頂上決戦、ローズボウルに先駆けて催される世界一のパレードで、アメリカの国民的行事になっています。世界中のマーチングバンドの中から選ばれた、わずか20団体だけが参加を許されます。

巨大な人形や風船で飾られた50台近くのフロート車、数百頭の馬、そしてマーチングバンドが、スタート地点のトーナメント・ハウスからヴィクトリー・パークまで、およそ9

キロを2時間半で行進します。

沿道を埋め尽くすのは何十万人もの観客。全世界にテレビ中継もされる大規模なものです。京都橘は現役生全員と卒業生混成による〝オール橘〟200名で堂々とパレードし、アメリカの人々を魅了しました。

このアメリカ遠征では元旦のローズパレードだけでなく、12月24日にアナハイムのディズニーランドで行われる「クリスマスパレード」にも参加。ディズニーメドレーに合わせて元気な演技・演奏を披露し、世界中から集まった来園者を楽しませました。

ユーチューブで世界中にファンが広がった

ローズパレード当日のことです。スタートの曲は「ダウン・バイ・ザ・リバーサイド」でした。黒人霊歌の名曲を、ポール・ヨーダーがマーチに編曲したものです。ヨーダーは初心者用のアレンジをたくさん残したアメリカ吹奏楽界の重鎮であり、京都橘では90年代初頭からずっと「ダウン〜」をパレードメドレーの先頭曲としていました。

パレードでは地元カリフォルニアばかりか全米から集まった大勢の観客が、大きな拍手と歓声で応援してくれました。指笛を吹き、「すごいぞ！　いいぞ！」と叫ぶ人々に囲まれた9キロの道を、私も悪魔たちと一緒にバンドディレクターとして歩きました。

冬だというのに気温は20度を超え、映画みたいな青空。私は正装の紺ブレザーだったこともあり、いささか体力を消耗しましたが、踊りや演奏がないのですから、生徒たちの疲労度とは比べ物にならないでしょう。パレード本番の顧問というのは、生徒たちに目を配ったり、観衆の声援に手を振ったりするだけでいいのです。

しかし、悪魔たちは楽器やフラッグを携え、演奏し、ステップを踏みながら行進するのですから、本当に暑かったことでしょう。ポイントポイントで立ち止まってダンス演技も披露するオレンジの悪魔たちは、それなのにキツさを微塵《みじん》も感じさせない、パワフルな笑顔。技術だけでなく体力も世界レベルに達していました。なかでも1年生が、パレード・デビューの「ブラスエキスポ」からわずか約8カ月後だというのに、誰ひとりリタイアせず、見事に歩き切ったのはあっぱれでした。

「あの子たちは奇跡だ！」

「なんて楽しそうなんだ。いつまでも見ていたい」

パレードの様子がアメリカで大評判となり、やがて観客がスマホで撮影した動画がユーチューブで拡散したことで、オレンジの悪魔のファンは世界中に広がりました。

〝京都橘〟〝オレンジの悪魔〟だけでなく、〝Orange Devils〟で検索しても、何百万、何千万回再生という動画を見つけていただけるはずです。

今も私のフェイスブックの友達にたくさんの外国人が並んでいるのは、だいたいが動画を見て熱烈な橘ファンになった人たち。アメリカを中心にヨーロッパの人もいますが、中米の人に熱烈なファンが多いのは、ラテンのノリがオレンジの悪魔たちと相通じるところがあるのでしょうか。

「あの橘の育ての親と友達になりたい」という指導者からの申請もあり、そういったものには応じています（まれにいる妙な人はブロックしていますが）。動画はそれ自体が生命体のように広がるらしく、いまだに地球の裏側から友達申請が続々と届きます。

3年生のラストステージを演出

めったなことでは出演できないローズパレードに2012年、2018年と二度までも出演を果たしたのは大変な名誉です。

「どんな上位の大会で良い賞状をもらうことより、橘でしかできない経験をたくさんすることがもっと大切だ」

これが私の持論ですから、ハワイでのホームステイと演奏会、ディズニーパレードへの参加、多様なイベント、テレビ出演などを経験させてきました。ローズパレードも、ほかではできない経験と言っていいでしょう。

しかしローズパレードには、「卒業生も交えたオール橘のお祭り」という面もあります。帰国後、学校で行う報告演奏会をあたかも凱旋公演のように演出したのは、「オール橘のお祭り」とは別に、3年生のために特別な「引退ステージ」を用意してあげたかったからでした。

大きなイベントを成功させ、それを自分のことのように喜んでくれる人たちの前で、思い切り最後の演奏・演技を披露する。それが私の演出意図でした。

最高のステージが必要なのは、引退のときだけではありません。オレンジの悪魔たちには、3年間でできる限りいろいろな経験をさせようと、心に決めて実行してきました。それこそ、弱弱指導に欠かせない「プロデュース」です。

リーダーは指導を直接せず、たくさんのチャンスや場を与える。そうすれば、「じゃあどうしよう?」と当人たちが考え始め、弱弱指導がおのずとなされるようになります。それが大きければ大きいほど本気度も増すので、経験値が上がり、成長につながるというわけです。そこで本書の締めくくりとなる第5章では、プロデュースについて書いていきましょう。

「チャンスは平等」の嘘と真実

「緑のフロア」を踏ませてやりたい！

現在、日本で行われる多くのマーチングは、5mごとにポイントを打ち、それを基準にフォーメーションをつくっています。特に吹連のマーチングコンテストに出場する人は「5m8歩」の練習、つまり1歩の幅を62・5㎝で歩き、ポイント間の5mを8歩で進む練習を繰り返します。

オレンジの悪魔たちはそれを「ゴメハ」と呼びますが、体に覚えさせるまで何回も何回も反復練習しているのです。

ちなみにこの「命の5m」は、大阪万博でのマーチングイベントの舞台となった〝お祭り広場〟がルーツです。それまでは「3000人の吹奏楽」が行われる西宮球場（当時）に、みんな白い石灰で自校にだけ都合のいいラインを引きまくっていましたが、あまりに多くのバンドが引いたために、どこのラインかがわからなくなってしまいました。そこで万博のお祭り広場で注目したのが、そこに等間隔で並ぶマンホールです。

お祭り広場には、地下倉庫のための通気口が、前後左右5m間隔で設置されていました。「これを利用しない手はない！」ということで、出場団体はみんなマンホールを目印に演技図（当時まだコンテとは呼んでいませんでした）を作成しました。

日本で行われるマーチングが5mごとにポイントを打つ理由には、こんな「万博トリビア」があります。悪魔たちの言う「ゴメハ」は私にとって、日本一の小学生吹奏楽団の一員として、万博の開会式をはじめとする50回に及ぶイベントに出演した、懐かしい思い出につながります。

部員たちは部員たちで、「城ホールの緑」に強い思い入れがありました。

幕張メッセでの開催が客席の広さが足りずにできなくなって以来、マーチングコンテストが恒久開催される聖地となった大阪城ホール、通称「城ホール」の床は、会期中は傷がつかないように緑色のシートで養生してあります。

どの部員にも「城ホール緑のフロアの上で演奏・演技がしたい！」という、並々ならぬ思いがありました。顧問としても、マーチングコンテストに関して「毎年は無理にしても、せめて在学中に1回は、全国大会の緑のフロアを経験させてやりたい」と願っていました。

シング人気のジレンマ

さらにオレンジの悪魔には、「シング・シング・シング」がややマンネリ化して、コンテストでは評価されにくい」というジレンマもあります。思い切って新曲にすればいいというのは安易な発想で、シングは悪魔たちにとっても特別な曲なのです。

毎年、春休みに体験入部にやってくる入学前の新1年生たちは、まだ部員ではないので、私も気楽に話しかけ、からかったりしていました。

「10年以上やって、僕はシングに飽き飽きしとるんや。もうええかげん、ほかの曲に変えよと思てるんやけどなぁ……。きみらの代からガラッと変えるのはどやろかなぁ？」

こう言うと、反応は面白いほど同じでした。

「絶対嫌です！　私はシングをやりに橘へ来たんです！」

116期生でチューバ担当のL君は、はるばる丹後地方の中学校からやってきました。「小学校時代からテレビで見た橘に憧れていた」と言うわりには、中学校時代にやっていた楽器は何だと聞くと、「いえ、バスケット部でした」と答えます。

「なんや、バスケットも好きやったんかいな」

私が軽い気持ちで言うと、彼は断固として反論しました。

「『シング』のダンスには体力がいると感じたので、中学のうちに体を鍛えておこうと運動部に入りました」

吹奏楽部で数少ない男子は楽器の運搬の際には頼られますし、彼はチューバですが、スーザフォンやドラムなど「大きな楽器＝男子が担当」となることも珍しくないのです。体力づくりまでしていたとは、これは並大抵の思い入れではないと舌を巻きました。

全員参加がかなわないのがコンテスト

京都橘高校吹奏楽部の部員数は、およそ100人前後。これはじつは微妙な人数です。第3章でも書きましたが、座奏の吹奏楽コンクールのメンバーは、すべてカーテン審査によるオーディションで、私が全国大会へ通じるA組と、府大会で終わるB組の振り分けをします。全員が出られるのは、人数制限がないB組ですが、みんなA組を目指していることは明らかです。

1年生の中には、中学時代に吹奏楽コンクール全国大会を経験した者もいます。そういったうまい子を中心に学年内で切磋琢磨した結果、複数のパートで下克上《げこくじょう》が起こり、1年生がけっこうA組に選ばれる年もあります。

一方のマーチングの人選は、パートリーダーから推薦されたメンバーを、私が認めるという形で決定します。音の良さや演奏のうまさだけでなく、動きも含めてのメンバー選考なので、コンクールのようなカーテン審査はできません。

2013年から定められたマーチングコンテストの定員は81人。定員55人というコンクールのA組メンバーに比べれば〝広き門〟ですが、全部員のうち20～30人はメンバーを外れることになります。

2年生もポツポツと外れますが、例年、1年生は半分以上が出られません。メンバーを外れるとマーチングはサポートチームにまわることになります。

京都橘ではサポートチームを「ホープ組」と呼んでいました。マーチングのメンバー選考は何回もやり直すから――それどころか毎日コロコロ変わるためです。プログラムに載せるメンバー表を連盟に提出してからも、いくらでも変更していました。

9月に入ってマーチングコンテスト本番を意識しだすと、レギュラーメンバーは落とされないよう目の色が変わりますし、ホープ組はレギュラー入りを目指してやはり顔つきが変わってきます。

それでもホープ組のまま、サポートメンバーとして本番を迎える子たちが必ず出るわけです。誰にでもチャンスはあるし、ホープ組の名のとおり希望もある。それでも全員参加がかなわないのがコンテストの厳しい現実です。だからこそ私は、「コンテストが一番の目標ではけっしてない」と強く思うのです。

「らしさ」を伸ばすプロデューサーに徹する

私がプロデューサーに変身した日

京都橘に赴任する前、私が公立中学で吹奏楽部の指導をしていたことはすでに述べたとおりですが、マーチング関西大会出場という結果も残していました。大阪万博でお祭り広場に立った小学生時代からカレッジスタイルのマーチングに憧れていたとはいえ、私の音楽大学での専攻はオーケストラであり、トランペット奏者でした。

それならば橘の指導を始めたとき、座奏中心の吹奏楽部に転換するという選択肢もあったでしょう。「音を強化したい」という意図で自分が呼ばれたことも感じていました。生徒、保護者、学校と大げんかをして「顧問の俺が決めたことだ！　気にいらないなら退部しろ！」と、100人の部員を三分の一に減らすような荒療治も、その気になればできたということです。でも、私はそうしませんでした。

思い出すのは、着任まもなく行われた、部の卒業生保護者との食事会でのこと。平松先生が「今回の関西大会出場は田中先生のおかげですよ」と、吹奏楽コンクールの話をしていると、その中の一人のお父さんが何気なく口にしました。

「**それより**、今年のマーチングのほうはどうなってますでしょうか？」

ぐいっと話題を変えられたときの記憶は鮮明です。京都橘の保護者にとっては、座奏などどうでもいい、マーチングこそ本命なのだと知らされた瞬間だったからです。

新任の私は平静を装って、それを黙って聞いていましたが、当時の私にとっては座奏も非常に大切だったので、内心は大変なショックでした。屋形船の素敵な宴席でしたが、「船からドボンと落ちたろか。鵜飼いの鵜と一緒にどこぞへ泳いで行ったろか」と思ったほど、あの「それより」は大きかった。誰かの発した一言が人生の転機になることもあります。しかしそれは、ショックではあったけれど、ネガティブなものではありませんでした。これほどまでに橘ではマーチングが大切なのだと思い知ったのです。

そもそも私は着任した時点で、「橘の伝統を全面的に継承する」と決めていました。伝統という名の裏に隠された、いらないルールや無意味な掟、間違った上下関係、そんなものはじんわりと取り払ってやろうと企んでいましたが、マーチングの演技は別格です。

私は衝撃を受けたのです。

「らしさ」を花開かせる舞台をたくさん用意する。**たとえコンテストには出られなくても、全員が主役になれる舞台をつくる。**いくらオレンジの悪魔たちが自主性に優れていても、外部との折衝が必要なプロデュースは大人にしかできない仕事です。

「ほかでは味わえない、最高の経験をさせたい」という願いは、退職のその日まで変わることはありませんでした。

経験ほど優れた指導者はいない

大きな舞台に挑戦せよ！ 3000人の吹奏楽

私が顧問となった時点で京都橘が参加していたイベントは、京都らしく上品なものでした。上品というのは婉曲な表現で、ズバリ言えば地味な行事。京都・円山の野外音楽堂で演奏するものの、あんまり観客もいないというような……。

「大阪やったらもっと大きなイベントをたくさんやってるから、そっちに出たいな」

私は大阪人ですし、ホームはあくまで大阪。何しろ毎朝5時起きで、自動車で片道1時間かけて京都橘まで通勤していたのです。

そこで出演を目指したのが、前述の宝塚劇場で行われるアマチュアトップコンサートであり、現在は京セラドームで行われている「3000人の吹奏楽」でした。

この二つは大会成績がいいだけでは出演できません。一瞬見ただけで、一音聞いただけで、「あのバンドだ」とわかる強烈な個性を持ったバンドにしか声がかかりません。光栄にも両方に出演できることになったのは、オレンジの悪魔たちの個性の賜物でした。

関西テレビが主催する「3000人の吹奏楽」は、かつて西宮球場で実施されていました。野球場でやるほど規模が大きなイベントです。

私は大阪・豊能地区のバンドの指揮者として「3000人」に出演していたこともあり、「ぜひ京都橘を出したい。大きな舞台はあの子らにぴったりや」と思っていました。私の恩師の松平先生や、コーチである宮先生が実行委員におられましたが、コネで出られるものでもありません。

ところが96年、「橘はアトランタオリンピックにも行ったんやから、3000人に出てもらってもええんやないか」という、松平先生のツルの一声で、出場できることになったのです。

それ以来、京都橘の年間スケジュールの中でも、大きな定例イベントの一つとなりました。

プロ野球の開催日程によって異なりますが、「3000人の吹奏楽」は6月の20日過ぎに行われます。したがって5月のブラスエキスポを終え、中間テストが終わったあたりから、1年生にはさらなる試練が訪れるのです。

ブラスエキスポがパレードであるのに対して、3000人はフィールドでのドリルショーです。

パレードというのは数列縦隊（ブラスエキスポは4列）でひたすら前進します。とはいえ橘の場合は、止まったり、ジャンプしたり、駆け足になったりしますし、縦列ごと、また横列ごとに違う動きをしたりすることもあります。ほかのバンドに比べれば橘は100倍ぐらい複雑ですし、ローズパレードのような大規模なものだと隊列も大きくなり、いっそう難易度が上がります。

つまり、パレードも十分ハードなのですが、フィールドドリルは「比べ物にならない難しさ！」。一人ひとりが違う動きをするため、パレードのように〝横目でほかの人を見て、それに合わせる〟ということは不可能。つまり、パレードよりもレベルアップしなければついていけません。

また、フィールド全体を関数の座標軸に見立てて、自分のいるべき場所をポイントからの距離で確認するのですが、真ん丸な野球場の大舞台を体感するにはコツもいります。そのうえ見栄えを考えて、パレードよりさらに激しいダンスを行ったりもします。

1年生にとっては試練となります。いくら1カ月前のブラスエキスポで「世界一体力を使うパレード」に適応できたとはいえ、「マーチング人」として一人前になるには、パレードの次のステージ、フィールドドリルをクリアする必要があるのです。

出していいイベント・いけないイベントを選別せよ

MBS毎日放送『よゐこ部』への出演

「MBS毎日放送の者です。関西の高校吹奏楽部の中でいちばん目立つ、おもしろいバンドは京都橘だとお聞きしまして、田中先生にご相談があります」

テレビ局のディレクターから出演依頼の電話があったとき、私は「ラッキー！　これはやるしかない！」とすぐに思いました。生徒たちがテレビ出演で有名になれば違う形での〝大きな本番〟です。人気お笑いコンビ、よゐこの番組と聞いて、お笑い芸人に憧れた昔の夢を思い出したというのもあります。

校長にも許可をもらい、「生徒の帰宅時間は規定の8時を守ること」という条件で、毎日放送の深夜番組『よゐこ部』の撮影が始まりました。濱口優《はまぐちまさる》さんがドラム、有野晋哉《ありのしんや》さんがピッコロで、半年間、橘に〝入部〟する……。何回かロケをし、締めくくりは京都橘の1年間の本番行事の総まとめとなる定期演奏会に決定。

2019年からは外部ホールで行われている定期演奏会ですが、それまでは校内のフェスティバルホールが会場でした。つまり、橘にテレビカメラが入るということです。

1995年の第32回から、2017年の第54回まで、私が手がけた定期演奏会は23回。その中でも2008年の「よゐこ」乱入の回は、特別なものとなりました。

定期演奏会に「よゐこ」が乱入？

毎年、定期演奏会は2日にわたって開催され、満員になるのは2日目。最終日のグランドフィナーレに「3年生の引退挨拶」があるためで、観客も巻き込んで、会場は涙で包まれます。つまり「初日はまあ、空席がある」というのが恒例でした。

定期演奏会によゐこが来るというのは、テレビを見ていればわかることなので、ミーハーな一般生徒は、「どっちの日や?」と騒いでいましたが、初日に収録が決まったことは漏らすまいと決め、部員たちにも言い聞かせました。

「ええか。テレビが入ると知れたら、整理不可能なくらい人が押しかける危険がある。きみらは絶対に外部に漏らしたらあかんぞ！」

オレンジの悪魔たちの口の固さは折り紙付きで、職員間で「秘密の事項は担任にさえ匂わせない」と評判になるほど。念には念を入れ、定期演奏会の当日は、来校したタレントさんにはロケバスから直接、ホールの舞台裏へ至る〝秘密の扉〟から入ってもらうルートを考えました。一般生徒が大騒ぎをして、大事な演奏会が台無しになることは避けねばなりません。

こうして迎えた定期演奏会初日、第一部の真面目な座奏、「シンフォニックステージ」を始めた時点で、会場はいつもとは違う空気に包まれていました。舞台花道に設置したクレーンカメラは、明らかに橘御用達のビデオ業者さんとは違う物々しいものでしたから、隠しておけるはずもないのです。

また、口の固い悪魔たちとて、うれしさのあまり、クラスの仲良しの一人や二人には伝える者も出てくるに違いなく、そこからチョロチョロ情報が漏れるのは私の想定内でした。

第一部の座奏が終わり、第二部は「ポップスステージ」。舞台が暗転すると、ティンパニの「ドロドロドロドロ」というロールで始まり、第一部で指揮をしていた私がいきなりハンドマイクを持って客席へと〝回れ、右〟し、MCになります。そして演奏会が始まるのですが、この日は私の合図でよゐこが登場し、テレビ収録が始まりました。

観客席に陣取る〝騒ぎたがり〟の男子生徒たちは、ここぞとばかりに叫んでいましたが、心配していたような混乱は起こらず、みんな自席で盛り上がっていてくれました。

よゐこの出演は第二部まで。「ここで一斉に観客が帰ってしまったら、3年生のグランドフィナーレとなる第三部が台無しだな」と密かに気をもんでいましたが、マーチングステージはなんといっても橘最大の呼び物です。二部が終わって会場を去る人が一人もいないのを知って、内心ホッとしました。

プロデュースには「リスクマネジメント」が不可欠

京都駅や、地下道の完成記念イベント、劇団四季のシアター1200の落成記念イベント、オレンジの悪魔たちは京都に何かしらランドマークができるとなれば、必ずと言っていいほど呼ばれました。ここで、イベントにおけるプロデューサーの留意点をまとめておきたいと思います。

❶ そのイベントには社会性があるか？

公共性のあるものは基本的にＯＫ。なぜなら、公共性のあるイベントへの参加は「社会にかかわる」という貴重な経験になるからです。したがって京都の大きな施設の落成式などは、日程さえ合えば断る理由はありませんでした。

知名度が上がることもメリットでしたが、そうではない幼稚園、保育所を含めた教育関係のイベントは、一切断ることなく引き受けました。「社会性があって誰かのためになる」という経験は、チームを成長させてくれます。

❷ そのイベントはチームにふさわしいか?

良い・悪いではなく、そのイベントがチームにふさわしいかどうかを吟味するのもプロデュースのうち。リーダーが判断しなければなりません。

たとえば、私がお断りしたのは競馬場でのイベント。緑の芝が広がる景色はさわやかですし、最近は家族連れで訪れる人もいるようです。英国では王室が鑑賞するくらいですから、私個人としては競馬を悪いこととは思いませんが、やはり基準は「高校生にふさわしいか」。その意味で言うと、ギャンブル性が連想される競馬場でのイベントは、高校生向きとは言えません。

また、企業の「創立何周年記念」といったイベントは、どんなに大きくてもたいてい断りました。

❸ 怪しい団体かどうかを見抜く

芸能人が反社会的勢力と関係のあるイベントに出てしまい、仕事を失うニュースをずいぶん聞かれました。学校であればなおのこと、怪しい団体とかかわることは危険です。「ちゃんとして見える会社が、実は暴力団のフロント企業だった」ということもめずらしくない世の中です。情報収集は大切ですが、巧妙にカムフラージュされていて見抜けないこともあるでしょう。「一企業のイベントは断る」というルールを設けたことで、危ない橋を渡らずに済みました。

弱弱指導は知らん顔を続けて自主性を育むことですが、１００パーセント任せっ放しでは指導とは言えません。リーダーの役割は、常に最終的な責任を負うことです。そのためには予防が肝心。どういう団体とかかわるか、慎重すぎるということはありません。

マスコミとの付き合い方

「笑ってコラえて！」狂想曲

京都橘の吹奏楽部を一躍有名にしたのは、日本テレビのバラエティ番組『笑ってコラえて！』でしょう。

『よゐこ部』は関西ローカルの深夜番組でしたが、『笑ってコラえて！』は全国放送。その人気コーナーに「吹奏楽の旅」があり、すでに淀川工業高校、習志野高校、洛南高校などの座奏のコンクール上位校が出演を果たしていました。

担当ディレクターが直接電話をかけてきた「よゐこ部」とは異なり、「笑ってコラえて！」のファーストコンタクトはファックスで送られてきたアンケート。過去の実績、部の方針、特徴的な練習などを答えるというもので、これが〝予選〟のようです。

テレビに限らず、私はイベント出場要請についても、総務には意見を聞くようにしていました。このときも相談したところ、「先生、ぜひ、出たいです！」との答え。そこで私は念入りに、しかし脚色なしにアンケートを書き上げました。

「そろそろマーチングバンドの番やな……、うちの生徒らは、あのコーナーにぴったりとハマるはずや。これはチャンスや！」

ほどなく採用の連絡があり、２０１１年の「吹奏楽の旅、マーチング編」収録が始まりました。

――オレンジの悪魔たちがいつもどおり音楽室でミーティングをしているときに、いきなりテレビカメラとスタッフが入ってきて出演決定を告げる。一同は狂喜乱舞……。そんな絵が撮りたいという要望があったので、私は総務にくれぐれも頼みました。

「きみらは絶対、ほかの部員に漏らすなよ。驚かせて、自然なリアクションをさせるんや」

総務は弱弱指導でチームをコントロールすることに慣れていますから、「もちろんです」と胸を叩き、定期演奏会の〝よゐこ乱入〟とは違ってまったくのシークレットのまま、当日を迎えることができたのです。

ところが、想定外のことが起きました。オレンジの悪魔たちは本番での元気さや笑顔が知られているので、一般にはいつも賑やかだと思われているかもしれません。しかし、山のようにあるルールのおかげで、「驚いてもワーッと騒がない」という姿勢が徹底していました。

はたして撮影当日。日テレのスタッフがカメラを引き連れて突然、勢いよく音楽室に入ってきて、「京都橘のみなさん！　東京日本テレビの『1億人の質問〝笑ってコラえて〟吹奏楽の旅』です！　これから1年間、みなさんに密着しますので、よろしくお願いします！」と叫んだところ、オレンジの悪魔たちの「ワーイ」は、実に盛り上がらないメゾピアノ……。控えめに喜びの声を出しただけで、澄ました顔のままスタッフを見つめ、ひたすらニコニコしているのみ……。


「日テレさん、いまのはどうや。これ、使えますか？」

彼らのプロデューサー役の私が恐縮しながら確認したところ、申し訳なさそうに「無理です。使えません」との答え。橘スマイルがNGになった最初で最後の例と言えるでしょう。仕方なく、私はめずらしく直接指導をしました。

「あんなぁ、きみらな、スタッフの方が入ってきたら、ごっつう喜べ！」

私の言葉に、「そんなことまで撮り直しせなあかんのか、ほんまに？」という表情をしつつも、そこはさまざまなイベントで鍛えられたオレンジの悪魔たち。

「京都橘のみなさん！　これから密着させてください！」

「キャーッ！！！」

高校生といえどもさすが表現者と言うべきか、放映されたのは部員たちの〝名演技〟。クラシック音楽の中でも、形に縛られない自由な曲をラプソディー（狂想曲）と言いますが、京都橘のテレビ騒ぎは「ラプソディー・イン・ブルー」ならぬ「ラプソディー・イン・オレンジ」でした。

60名の大量入部！

『笑ってコラえて！　吹奏楽の旅』の京都橘特集は、2011年、2012年と2年にわたって放映され、最初の年はしっかり者の3年生ドラムメジャーの〝ホラっちゃ先輩〟や、何をやってもうまくいかない1年生の〝このみ〟など、部員の生き生きとした様子が映し出されました。マーチングの素晴らしさに加え、日頃のひたむきな練習が見る人の心を捉えたのでしょう。オレンジの悪魔たちはいきなり全国区の人気者になり、その練習ぶりも広く知れ渡ったのでした。

そんな2011年のマーチングコンテストは、全国銀賞。部員数が3学年足しても60名ちょっとという、私の在籍中でも最も小さなチームでした。これはまったくの偶然なのですが、「笑コラ」では、「人数さえそろっていれば、全国大会で金賞を取れた」と言わんばかりに放映されました。テレビ的な演出だったと思いますが、視聴率はポンと上がったようです。

上がったのは視聴率だけでなく、2012年の入部希望者が春休み時点で60人を超えていました。テレビの影響力というのはすさまじく、結局、全部員のうちの6割を新入生が占めることになりました。

座奏だけなら多人数は良い方向に働くことが多いのですが、マーチングでは少々やっかいです。新入生のほとんどが楽器の経験者ですが、マーチング経験者は半分。中学のマーチング経験者であっても、橘マーチングに慣れるのは一朝一夕では難しいのに、初心者が半数いるのですから一大事です。

いつもどおり先輩から後輩へ、〝ちょっと弱い人〟が〝もっと弱い人〟を指導しようにも、もっと弱い人が倍の人数だと手に負えない面も出てきます。

2012年の「笑コラ」は、「『3000人の吹奏楽』を前にした上級生が、鬼の形相で1年生を指導する」という、テレビ的には大歓迎の〝絵〟が撮れたようです。シンバルを抱きしめて涙ばかり流しているパーカッションの1年生にスポットが当たり、これも大きな反響がありました。

密着ですから、テレビスタッフとの距離も近くなります。女性ディレクターを慕って相談事をしていた部員もいたようですし、私もたまにはスタッフのみなさんと一緒に食事をしたり、〝東国の人たち〟に秘密のお好み焼き屋を教えてあげたりしました——「巨人軍は大嫌いやけど、日テレは大好きやで！」と言いながら。

『笑ってコラえて』が大評判となったためか、他局からもたくさんのオファーがありました。単純に日程が合わなくてお断りしたものがほとんどですが、唯一、「出したくないな」と辞退した番組もありました。

番組の内容は、部員たちの演奏に対して、タレントやビジネスの世界で活躍している審査員が値段をつけるというもの。有名な他校吹奏楽部も出演して数百万という値段をつけられていましたが、「これはちゃうやろ」と思いました。誰かを応援するバンドは、やはりプライスレスがふさわしいのではないでしょうか。

知名度を上げることのメリット・デメリット

困ったファンから部員を守る

知名度が上がり、ファンがつくのはうれしいことばかりではありません。オレンジの悪魔たちに近寄ってくるのは、変態的な男性である確率が高い——10年ほど前までは、そんな困った話もありました。「人を見たら変態と思え！」とばかりに部員を守るのが私たち随行者の役割で、パレードの際に保護者会の〝オヤジ軍団〟が変態男を取り押さえ、警察に突き出すこともしばしばだったのです。

ミニスカートの下からローアングルのカメラが狙ってくる、という行為は年々減ってきましたが、残念ながら今でもたまに見受けられるようです。

また、熱狂的なファンの中には特定の部員に夢中になる人もいて、イベントの本番前などにそろっと近寄ってくる不届き者もいます。「〇〇ちゃんの演技だけをＤＶＤにまとめたよ」などと手渡してきたり……。アイドルでも何でもないので、街中のイベントだと普通に集合していますが、そこを不届き者は狙うのです。

当人たちが「こんなん渡されたんやけど、どうしよ?」と真っ先に相談する相手は、私ではなく総務でした。これぞ弱弱指導——後輩だけでなく同学年の訴えがあっても、総務はしっかり対応してくれたのです。

「とりあえず受け取っといたらいいけど、ほかの子に広めたりしんでいいし、中を見なくてもいいから。変な人が来たら、できるだけ人が多いほうに寄るようにして」

もちろん総務だけで抱えきれる問題ではないので、後から私にもきちんと報告してくれました。そうなればリーダーの役目はチームを守ること。やはり保護者に応援を頼み、さらに随行者を増やすなどの対策を取っていました。

ユーチューバーに愛されすぎて困る?

近年、頭を悩ませているのは、ストーカーじみたファンよりも、ユーチューバーです。ユーチューバー自体はオレンジの悪魔たちの魅力を世界に伝えてくれる応援団なのですが、問題は、あまりにも数が多すぎること。

京都橋がイベントに出ると、1回の本番で数本、場合によっては10本以上の動画がその日のうちにアップされています。私も見ることがありますが、レベルも高い。スマホではなく、高感度カメラによる4K映像がていねいな編集作業を経てアップされていることもめずらしくありません。

しかし本番は、オレンジの悪魔にとって大切なものです。極端に近づかれるとパレードの邪魔になりますし、趣味を超えて商売にしている人は、こちらの都合にかまわず、遠慮なしにどんどん撮ってきますから迷惑しました。

パレードで熱心に撮影している人たちの中には、保護者も多くいます。「わが子の活躍を残したい」という保護者の方々と、ユーチューバーとの間で小競り合いになることもしばしばでした。

やむなくイベントによっては保護者会の要請で、「撮影は関係者のみ」と主催者に告知してもらいました。保護者や学校関係者のために、取材プレスが使うような「京都橘関係者の腕章」まで用意したところ、それを偽造してくる人、「報道」と書いた手づくり腕章を身につけ、勝手に観客の整理をする人まで現れました。

対策として「学校配付の腕章とリボンの両方を付けている人のみが撮影を許可された本校の保護者」としたイベントもありましたが、イタチごっこになっています。

ネットの誹謗中傷から守ってあげる方法とは？

ネット社会の「いらない大合唱」

もう一つ頭を悩ませたのは、ネットの誹謗中傷です。最近、テレビのリアリティ番組の出演者が自死を選んだのは、ネットの書き込みに心を痛めたからだと話題になりましたが、私には他人事とは思えません。

テレビやイベントは特殊なもので、読者の中には「うちは地味で普通の会社だから関係ない」と感じる方がいると思いますが、ネットとなると今や誰もが無関係ではいられないと感じます。

一人の声に誰かの声が次々と重なり、匿名のまま大きな声になっている。それはユニゾンでもハーモニーでもない、ただの不快な音です。

莫大な再生数を誇る京都橘のユーチューブですが、大量の〝いいね〟に混じって、ブーイングを示す下向きの指も一定数存在します。少なからずアンチが存在するのは不思議ではなく、世界中からまんべんなくほめられるパフォーマンスなど一つもありません。

とはいえ、「嫌い方」にも作法があるのではないでしょうか。私は「巨大掲示板は見ない」と決めて、不要な情報はシャットアウトしていました。

一方で、ネットには励みになるコメントもたくさんあります。なかでもうれしかったのは、吹奏楽や管・打楽器のことを知り尽くしたプロ奏者からの声。

「こりゃすごいね！　僕も長年、楽器をやっているからわかる」

「こんなこと、自分にやれと言われても無理だよ」

「どれだけの練習をしたか、吹奏楽をやっていれば誰でもわかる」

また、一般の方の素直かつ好意的な感想もうれしいものですし、私にも多数届いています。「イベントを考えるプロデュースは大変だけれど、やってよかった」と、大勢の人にいたわられた気がしました。

あらゆる「外部の刺激」を成長のために使う

発想豊かな怠け屋に「本番攻め」を

私のライフワークと言っても過言ではない、中学校と京都橘による「ジョイントコンサート」も、いろいろな人を巻き込むための作戦の一つでした。

思いついたのは2004年のこと。クラブ活動が盛んな京都橘では、練習場所を求めてほかの部との競争があります。オレンジの悪魔たちの練習場所は、座奏だと音楽室や美術室。マーチングだと「ドライエリア」と呼ばれるコンクリートの細長い場所でした。

京都橘にはフェスティバルホールという、定期演奏会をはじめ、入学式や卒業式などが催される施設があり、収容人数1000人という立派なものです。練習でもそこを使いたいのはやまやまですが、普段は太鼓部が使うことが多い。なぜなら、全国高等学校総合文化祭で上位入賞の実績がある太鼓部は、京都橘が誇る強い部なのです。

ところが太鼓部は、日曜日が原則休みでした。ということは、吹奏楽部の日曜練習に使える――私が早速、学校に使用許可を申し入れたのは言うまでもありません。

しかし立派なホールなのですから、観客抜きのステージで練習するだけではもったいないと感じました。

当時の3年生である102期生は、前述のとおりシングの原型をつくり上げた功労者ですが、発想が豊かなぶん、持久力と忍耐力に欠ける面がありました。練習が嫌いで、怠けたがるため、質実剛健な103期生からは「先輩たちは真面目さに欠けます！」と不満が出るほどでした。さすがの私も「何とかこいつらを、血相変えて頑張らせることはできないか」と悩んでいたところに考えついたのが、「本番攻め」です。

こうして私は、フェスティバルホールでたびたびコンサートを開こうと決めました。「本番は最高の練習」という考えの下に。

優秀な〝オレンジの悪魔予備軍〟を獲得せよ！

「日曜日、学校内の立派なホールで練習できる。どうせやるなら本番がいい」となったとき、私はまたまたひらめきました。

「〝人を巻き込む〟作戦を組み合わせよう！」

このような経緯で、中学校とのジョイントコンサートが始まりました。

❶〝本番攻め〟で刺激を与え、怠け癖をなおす
❷1年の締めくくりとなる定期演奏会のためにはどんな準備が必要か、同じ会場で5回、10回と本番を経験させることで、部員に教えていく

この2点だけが目的なら、保護者やファン、一般のお客様を招いたミニコンサートでもよかったでしょう。しかし吹奏楽部には毎年、たくさんの部員が必要です。そこで目的3が加わりました。

❸そのイベントは、リクルートを兼ねたものにする

こうして、中学校を巻き込んだジョイントコンサートのコンセプトができました。

私の在職中、京都橘高校吹奏楽部の生徒はおおむね100名前後。少なくて60人、多

くて120人でした。

だからこそ、たまたま2011年の「笑コラ」放映時は部員69名だったのであり、〝笑コラ効果〟で65人もの新入生が来て110人に達した2012年は、例外的なことです。

昨今、全国の中高の吹奏楽部では人数の二極分化傾向が顕著で、大編成の学校には200人を超える人数が集まり、少ないところは20人集めるのがやっと。それは必ずしも学校の規模とは比例しておらず、生徒の「自分がそのバンドに参加したいかどうか」という考えが最優先の、いわゆる「売り手市場」になっているように思います。

全国大会や海外遠征を経験するような学校だからといって、「放っておいても志望者は集まる」というような殿様商売をしていたのでは危険なのです。

このような効果を狙って始めたジョイントコンサートでしたが、こちらの思惑どおりに、新入部員の半数以上がジョイントコンサートを経験したうえで京都橘を選んでくれるようになりました。

保護者を巻き込んでこそ、教育

保護者と同志になれば、助けてもらえる

「これからの3年間、すみませんが子どもたちと一緒に戦ってください」

毎年4月29日に行っている新入生を迎えての保護者会総会で、私が新入生の保護者に伝えていた言葉です。

プロデュースするにあたって、保護者を味方につけられなければ、いくら私たち指導者や当の部員たちが必死になっても、良い結果は生まれません。数ある〝本番〟に備えて、朝練だと早朝の電車に乗るために家を飛び出し、毎晩へとへとになって帰ってくる。入学まもない頃は厳しい練習に疲れ果て、玄関に入るなり靴も脱がずにドテンと倒れて、朝まで熟睡……なんてこともあります。

「なぜ、これほど大変な練習をしているのか？」という親御さんの疑問と心配は、本番を

見てもらうとすぐに解消します。

「これだけのマーチングをしようと思えば、並大抵でない練習をせなあかんのや」と納得していただけるのです。

そして、オレンジの悪魔たちが厳しい練習を耐え抜くためには、親御さんの協力や応援が不可欠です。健康面に気を使い、「寝起きでお腹がすかない」と言ってもしっかり朝食を取らせ、場合によっては弁当を二つ三つ持たせて、送り迎えもしていただきます。精神面でも親子関係がうまくいっていないと、練習に全力投球できません。

「ご家庭と教員が共同でお子さんを育てていきましょう」

これは教育現場では使い古された言葉ですが、京都橘高校吹奏楽部の保護者のみなさんは、文字どおり、部員たちを指導する同志にもなってくれました。だからこそ、「追っかけをして本番を観に（聴きに）行く」ということにとどまらず、「部活動を顧問と共に支える」という意識を持ってくれたのだと思います。

私にとってはまさに「おんぶにだっこ」。アトランタオリンピックからローズパレードまで、私の京都橘での顧問人生は、保護者の方々の厚い厚い協力がなければ、実現できないことばかりでした。

保護者にも「ハブ」になってもらう

「『橘での3年間は一生忘れられない濃厚な時間やった』とウチの娘は今でも言うてますけど、私にとってもあの3年は、第二の青春やったわ」

定期演奏会やローズパレード報告会などのいろいろな集まりで、卒業生の保護者からよく聞かされる言葉です。全体でも仲が良いのですが、お母さんたちは女友達のノリでいまだに仲良くなさっているようですし、お父さんたちもそれは同じです。

同じ学年の子を持つ父親と言っても、年齢、職業、性格はバラバラ。それでもイベントのたびに顔を合わせ、時には泊まりがけでとなれば、自然と距離が近づいていきます。吹奏楽部がサッカー部の応援に行く際に、付き添いで上京したお父さんが、娘以上にサッカー部を熱烈に応援するなんてこともありました。

「あのプレーはフォワードのA君の役割が大きいですわ」

「そやそや、A君は飛び切りや。でもキーパーのB君を忘れちゃあかんですわ。あれは橘の守護神やなぁ」

いつのまにか、サッカー部の生徒の名前を全部言えるようになっています。それなのにお互いは、「うさぴょんさんのお父さんは……」などと、子どものあだ名で呼び合っているような、ほのおかしくてあたたかい交流がたくさん生まれました。私も男性だから思うのですが、社交的な女性と違って〝肩書を外した友達〟ができにくい男性には、保護者会は新たなつながりの場になったのではないでしょうか？

❶「保護者も一緒に部を支える」という意識を持ってもらう
❷時には保護者に甘えて協力してもらう
❸保護者同士の良い人間関係ができていく

ここまでくると、私はほとんど何もすることがなくなります。

一線を引いてかかわるのがリーダーの基本

親と子が対立したら、「親」の側につく

やがて私は、「部員にこういう考えを持つよう、教えたい」ということを、保護者会でも伝えるようになりました。そうすると各家庭で、その子のことを私よりもはるかによく知っている親御さんたちが、私よりずっと良い言い方で教えてくれます。

これは、親に子どものリーダーになってもらうという方法です。保護者を弱いなどと言っては失礼ですが、私がかかわらないという意味で弱弱指導のバリエーションでした。

その弱弱指導にあえて立ち入り、生徒と親の仲裁をすることもありました。教師もののテレビドラマでは、親と子が対決すると、熱血先生は子どもの味方になります。「先生、うちの親はひどいんですよ」という子どもの訴えを聞き入れた教師が、「よっしゃ、先生

が一言、言うたる。任せとき！」と言って親と対決する……。私に言わせれば、「こんなんあきません」。最悪の対応です。「俺は教師だ！」と大きな顔をする初対面の人間に怒鳴り込まれて、いい気分の親などいなかろうと思います。

その点、あらかじめ保護者をよく知っていれば、生徒に〝作戦〟を伝授できます。

「あのな、きみんとこのお母さんを納得させるには、そんな言い方じゃあかん。まずは、きみのこういう面をわかってもらうように話しなさい」

生徒は私に不満を訴えたことで気分が落ち着き、私が味方としてより効果的な作戦まで伝授したことで、かなりガス抜きができます。ここでうまくいけば生徒と教師の信頼関係が育ちますが、それは作戦その一にすぎません。

肝心なのは作戦その二で、私はその子との会話について、保護者に伝えていました。

「今晩、Aさんは、こういうことを言うてくると思うんですわ。そのときに、さあ、お母さん、どうしますか。どう言お思いますか？」

「うーん。私はたぶん、こう言うやろね」

「それはあきませんって！　そんなこと言うたら身も蓋《ふた》もないです。今はお母さんね、ちょっと折れといて、子どもの言い分をしばらく聞いたって。あとで途中からガーッと押し返すんですわ」

いくら大人でも、生意気盛りの高校生に、藪《やぶ》から棒にグサリと核心をつくことを言われたら、感情的になり、話がこじれてしまいます。親にはメンツやら世間体があるもので、それが崩壊しないようにしないといけません。そこで私は、「子どもに偉そうなことを言わせず、親に折れてもらう方法」を考えていたというわけです。

当然ながら、私と親が〝内通〟していることは、絶対に守り通さなければならない秘密でしたが、どの保護者も、その点はちゃんと理解してくれました。

京都橘高校吹奏楽部は「水」である

「幼稚園児に童謡、お年寄りに演歌」は勘違い

さて、「人を巻き込むプロデュース」ということで話がとりとめなく広がってしまいましたが、プロデュースのまとめに入りましょう。

どの依頼を受けるか、どのイベントに出演すれば部員たちが生きるかを考えるのは私の役割であり、私が判断して決めていましたが、本番をどのようにやるかは部員たちが決めていました。

たとえば京都の駅ビル落成式では、華やかさだけが求められていると判断して、トップはファンファーレでバーンッと盛り上げる。その後は定番の「ウィンター・ゲームス」から始めて、ディズニーメドレーでみんなを楽しませ、最後は「シング・シング・シング」で思い切り盛り上げて終わる。

3月恒例の「京都さくらパレード」では、新メンバーが考え出したその年のパレード曲メドレー。「ダウン・バイ・ザ・リバーサイド」に始まり、サンバで終わる約20分のメドレーに加えて、曲間をつなぐドラムマーチを披露します。

ドラムマーチは打楽器パートの新3年生により作曲され、1年間の限定ということで、「今年はどんなんやろ」と、楽しみにしてくださっているファンも大勢います。

錦市場も京セラドームも同じこと

イベントの主催者からは「先生、どれだけの場所が必要ですか」とよく質問されましたが、私の答えは決まっていました。

「いやいや、うちはどんな形のステージとか、そんなん全然、関係ないんです。何も場所がなかったら、お客さんが真ん中にドーンと座られているぐるりを囲んで演奏もできます。京都橘高校吹奏楽部は水みたいな団体ですから、ちょうどその形のとおりに勝手になりますから、そのへんは気にせんといてください」

「会場は最低でもこのくらいの大きさでないと」

「ポイントを打たせてもらえないとできません」

イベントに出演するマーチングバンドの中には、いろいろ細かいことを言うチームもあるので、イベント主催者も気を使って尋ねてくださるのでしょう。しかし、オレンジの悪魔に限っては問題なし。カリフォルニアのローズパレードだろうと、京セラドームのような野球場だろうと、そこに合わせて演技・演奏ができます。

たとえポイントを打てない会場でも、体に染み込んでいるのは「ゴメハ！」。部員同士できっちりと合わせることができます。

どんなイベントでも、「先生が持ってきたイベントやから、自分たちはうまいこと、本番ができる。間違いなくいける」と信用してくれていますし、大勢の観客たちに喜ばれ、何より自分たちが楽しんできた伝統があるので、自信があるのでしょう。23年間顧問をしていて、「私たち、こんなイベント出たくないですよ」と言われたことは一度もありません。

特に狭かったのは、ある年の日本テレビ「24時間テレビ」でのパレード。道の両側に昔ながらの惣菜屋やら漬物屋やらが並ぶ、細くて狭い京都の錦市場を歩いたことがあります。およそ100人の部員が、横2列、縦50列で行進をするというのは、相当に難しいこと。野外で周りの人たちの大歓声が響く中、列が50人と長いと、前のほうがどんな音を出しているか、うしろのほうには聞こえない……。

しかし、2列目の子が先頭のドラムメジャーの指揮を見て、3列目の子は2列目の子の足の動きを見て、4列目の子が3列目の子の足をと、順繰りに前の音に合わせていけば、全体で曲はきっちり合っている。これがオレンジの悪魔の底力です。

京都で行われるイベントには、しばしば紺色のユニフォームで参加します。その年もオレンジならぬネイビーのユニフォームを着たわが吹奏楽部の部員たちは、狭い錦市場をスルスルと元気よく進み、まさに水のようでした。

考えてみれば、誰かを応援するバンドに、どこにでも合わせられる水のような滑らかさはぴったりです。誰にも必要で、みんなの渇きを癒《いや》し、元気にしてくれる水。でも特別なものとは誰も思わない、ごく身近な存在である水。

応援というのは、そんなさりげない形で暮らしに溶け込んでもいい。だから私はオレンジの悪魔たちを、小さなイベントにも参加させていたのかもしれません。

弱弱指導の最大の秘密は、リーダーの弱さ

ここまで読んでくださった読者の中には、「私はとてもよくできた指導者であった」という結論を述べたいのかと、誤解される方がいるかもしれません。

しかし私は、謙遜でもなんでもなく、弱い指導者でした。経験によって部員を育ててきましたが、自分に自信がないから、経験を重ねることで自分も強くしたかったという面もあります。

さらに、弱弱指導と言っても、オレンジの悪魔たちにこっぴどく叱られたこともありま

す。真夏のグラウンドで、繰り返し繰り返しドリル練習をしている様子を座って眺めていたら、つい、ウトウトしてしまうこともありました。

そうすると練習後、準備室のドアがノックされる――当然、総務たちです。

「先生、先ほど居眠りをしておられましたね。私たちはミーティングや座奏の打ち合わせのとき、どんなに朝早くても、くたくたに疲れた夜でも、居眠りを絶対に許してません。それを許さない関係を徹底していますんで、先生にこっくりされたら困るんです!」

時が流れたのでしょう。着任した当時の「これが女子高生か」とおびえた大声とは打って変わって静かな口調なのですが、それだけにものすごい恐ろしさです。冷静な説教はしばらく続きました。

そこで変に、「俺は教師だ。おまえら何を偉そうに言ってるんや!」と逆ギレしたら終わりです。

「それはきみらの言うとおりだ。ほんまに俺が悪かった。今後、自分が眠たいときは奥へ引っ込む」

そうやって平謝りをし、以来、どうしても眠気が襲ってきたときには準備室に引きこもりました。「うっ、やばい」と思うとあわてて準備室に入り、あとから「先生、また眠たかったんですか。先生はよう眠たくなりますね」とチクリと言われたりしました。そこも素直に折れて、「そや。きみらの前で居眠りするよりは奥におったほうがええと言われたから、そのとおりに従ったんや」と頭を下げます。

これは開き直りではありません。生徒は3年間に集中しているから、どんなに濃密でもへこたれませんが、こちらは何十年もそれを見続けるのです。

「ちょっと待ってくれ。自分は今きついから、少々休憩したい」

そんなふうに、時には弱音を吐ける関係を築いておかないと、しんどいことになります。教師と生徒に限らず、リーダーはチームのメンバーに対して、いつも強くあろうとしたら長続きはしないし、そのチームは強くならないでしょう。

● 目立たないし、「あのカリスマリーダーのお手柄！」とも思われない
● 弱い人が弱い人を指導できるように、知らん顔で引っ込んでいる

こう考えると、私もオレンジの悪魔たちと同じく、水のような指導者だったのでしょう。コーヒーも紅茶も日本茶も、カルピスも焼酎のお湯割りも、水なしではできません。しかし、みんな「コーヒーを飲む」「紅茶が好き」と言うときに、水を意識することはない――。

それでも私は、リーダーたるもの、水でいいと思っています。香り立つコーヒーをいれる水でいいし、個性を出すにしても、シュンシュン沸かされて焼酎のお湯割をつくるお湯になるくらいでいい。

特に私は、誰かを応援するバンドのリーダーであり、応援される側ではないのです。水のごとく柔軟にみんなを応援するオレンジの悪魔たちの、知らん顔をして一線を引く、ちょっと水臭い飼い主だったのですから。

「オレンジの悪魔たち」という名称は、テレビでコーチの横山先生が口にしてから有名になりましたが、いつ誰が付けたのかは不詳とされています。

それでも、オレンジの悪魔たちという名前は、これからもずっとみなさんの記憶に残る――「シング・シング・シング」を一度目にし、一度聞いたら、橘スマイルが忘れられなくなるように。私はそんなプロデュースをしてきたつもりです。

あとがき

その日の最初の曲は、「ウィンター・ゲームス」。１９８８年のカルガリー冬季オリンピックのテーマソングで、京都橘高校吹奏楽部の定期演奏会で、マーチングステージのオープニングに20年以上演奏されてきた定番曲です。

デイヴィッド・フォスターのさわやかなメロディーを、部員たちは「橘スマイル」とともに演奏します。一人ひとりの笑顔を眺めていると、これまでに指導した１０００人近くの部員たちの顔が自然と浮かんできます。

続いての曲は「風になりたい」。13年にわたって部員たちとつくり上げてきた、私のライフワークである中学校との「ジョイントコンサート」では、必ず最後に歌いながら演奏していました。

「天国じゃなくても、楽園じゃなくても」という大好きな歌詞を聴いていると、部員たちの姿が少しぼやけてきます。どうやら私の目が潤んできたようです。

そして最後は、「シング・シング・シング」。もちろん、いつもの振り付け・ダンス付きで、激しいビートに乗せて私を直撃してきました。

過去十数年の間、このサウンドにわが身が包まれたことは、いったい何回あったのでしょう。この音楽室で産声を上げた「シング・シング・シング」の演奏は、大阪城ホールや幕張メッセの全国大会、果てはハワイでのコンサートやパサディナのローズパレードまで、必ずその場につめかけた多くの人々の笑顔、手拍子、歓声と共にありました。

しかし、今日のこの演奏・演技は、私一人だけに向けての贈り物だったのです。

＊＊＊

2018年3月31日は、私が23年間勤務した京都橘高等学校での最後の日でした。夕刻になると、いつものようにミーティングのために、部長が私を呼びにきました。

「いよいよ、最後やな……」と入っていった音楽室で待ち受けていたのは、オレンジの悪魔たち。ジャージ姿ではなく、ユニフォームに身を包んだ正装でした。

「今まで、長い間、ありがとうございました！」

この部長の挨拶とともに始まったのが、私のためだけのコンサートだったのです。あまりにも贅沢なプレゼント。不思議に涙は出てきませんでしたが、胸の奥からぐっと熱いものが込み上げてきました。

思い起こせばいろいろなことがありましたが、いつも私が願っていたのは、生徒たちには「上位入賞の体験」ではなくて、「橘でしかできない体験」をしてほしい、ということでした。

そのためには、子どもたちがいかに音楽を楽しめるか、いかに格好よく活躍できるかを考えて、環境を整えてきました。その結果、自分の頭で考えて行動し、観る者を感動させるパフォーマンスをする「オレンジの悪魔」が誕生したのです。


本書では、私の指導経験をもとに、自律性の高い若者を育てるためのアドバイスを、お伝えしてきました。生き方や働き方が多様化する時代にあっては、成績が良いだけの子どもや、大人の言うとおりにするだけの子どもでは、生き抜いていくことはできません。「指示待ち人間」では社会に認められません。

私が試行錯誤の末になんとか確立した、「弱弱指導」をはじめとする指導法や解決法が、反抗期でなかなか思いどおりに生きてくれないわが子に手を焼いている親御さんや、生徒たちに対する自分の思いの伝え方に苦慮しておられる先生方、部活動の実績が上がらずに悩んでおられる顧問の先生方、女子社員の扱いが苦手な中間管理職のみなさんの、悩ましい問題を解決するための何らかのヒントになれば、著者としてとてもうれしく思います。
もちろん、「オレンジの悪魔」のファンのみなさんにも楽しんでいただければ、何よりの喜びです。

今の私は、37年間続けてきた教職から退き、京都府舞鶴市という魅力的な港町で、次なるステージの幕を開けようとしています。取り組んでいる「吹奏楽で町興しをする」というプロジェクトは、これまでの吹奏楽人生と同様に、周囲の人たちを巻き込んでいかなければ実現できません。簡単には成し遂げられませんが、自分の「やりたいこと」を、ワクワクと楽しみながら生きていこうと思っています。

2020年は吹奏楽に情熱を注ぐ人たちにとって、本当に不幸な1年でした。最大の目標であるコンクール、コンテストが中止になっただけでなく、合奏や練習を行うこともままならない状態でしたから。そんななか、コロナ禍の中でも問題なく演奏活動を行うノウハウを共有するために、フェイスブックのグループ「#吹奏楽を止めるな」を立ち上げたところ、多くの吹奏楽指導者、吹奏楽団員の方が参加してくださり、驚かされました。今後も、吹奏楽を愛する人たちのために、さまざまな形の吹奏楽活動を紹介し、応援していきたいと考えています。

最後になりますが、私が指導者として、音楽家としてやってこられたのは、これまで私にかかわってくださった大切な人たちのおかげです。

まず吹奏楽をテーマにしたベストセラー小説『響け！　ユーフォニアム』の著者で、同シリーズで私を取材してくださった武田綾乃さん。武田さんとのご縁のおかげで本書を上梓するきっかけが生まれました。

小学校から大学までの十数年間、音楽の素晴らしさを教えてくださった松平正守先生をはじめとする先生方。教師のイロハのイを教えてくださった、中学教員時代の先輩の先生方、部活で切磋琢磨した同僚たち。

京都橘では、マーチングの世界にいざなってくださった平松先生、宮先生、横山先生。そして、素晴らしい京都府吹奏楽連盟の先生方、「３０００人の吹奏楽」をはじめとするさまざまなビッグイベントで個性を主張し合った関西の高校バンド指導者の方々。

また、ＮＰＯ法人「日米グリーンバンド協会」の主宰者で、私たちをローズパレードに導いてくださった熊谷譲さんには、心から感謝を申し上げるとともに、何か夢のあるプロジェクトを展開できたらと考えています。

いつの時代になっても私の最大の味方、京都橘の生徒たちの保護者のみなさん。私を丈夫な体に育ててくれた両親には、いくら感謝してもしたりない思いでいっぱいです。

そして誰より、１０００人にものぼるオレンジの悪魔たち。

「悪魔使いの魔術師」の役は、新たな顧問である兼城裕先生に受け継がれました。今後何代にもわたって、たくさんのオレンジの悪魔たちを育てていくことでしょう。本書で述べたことも、今やアップデートされているかもしれません。彼女らがこれからどんな進化を遂げていくか、楽しみでなりません。

なぜなら、「悪魔使いの魔術師」の役は終わっても、今までも、今も、これからも、私はオレンジの悪魔の永遠の応援団長なのですから。

２０２０年12月　田中　宏幸

［著者］
田中宏幸（たなか・ひろゆき）
1958年生まれ。大阪音楽大学卒業後、音楽教師になり、公立中学校に12年間勤務の後、1995年に京都橘高等学校に赴任。以降23年間、顧問として吹奏楽部を指導し、全日本マーチングコンテスト常連校へと成長させる。
近年では07年より３年連続全国大会出場（08年、09年は金賞）、11年全国大会出場、12年NHK吹奏楽バトル優勝、14年、15年にも連続で全国大会出場。15年には金賞受賞。
また、日本で唯一アメリカ合衆国のローズパレード（集客規模100万人）２回出場などの実績を残す。2018年に退職し、現在吹奏楽プランナーとしてさまざまな吹奏楽団体を指導するかたわら、京都府舞鶴市で吹奏楽フェスティバルを開催し、FMまいづるで「田中宏幸の吹奏楽のセカイ」の番組を持つなど、音楽によるまちおこしに取り組む。2020年のコロナ禍で、活動が行えない吹奏楽団体を支援する「＃吹奏楽を止めるな」を、ラジオ番組とSNS上で展開している。

著者エージェント：アップルシード・エージェンシー
http://www.appleseed.co.jp

オレンジの悪魔は
教えずに育てる
――やる気と可能性を120%引き出す奇跡の指導法

2021年１月26日　第１刷発行

著　者――田中宏幸
発行所――ダイヤモンド社
〒150-8409　東京都渋谷区神宮前6-12-17
https://www.diamond.co.jp/
電話／03･5778･7233（編集）　03･5778･7240（販売）
装丁――――山田知子（Chichols）
写真提供――GBA（Green Band Association）
DTP ――――中西成嘉
製作進行――ダイヤモンド・グラフィック社
印刷――――堀内印刷所（本文）・新藤慶昌堂（カバー）
製本――――本間製本
編集協力――青木由美子
編集担当――木山政行

ISBN 978-4-478-11021-8